Gesell Selection

Introduction to Silvio Gesell

Why a currency with demurrage?

廣田裕之
Yasuyuki Hirota

ゲゼル・セレクション別巻

シルビオ・ゲゼル入門

減価する貨幣とは何か

アルテ

まえがき

現代社会に生きる私たちは、まるで自分たちがお金の奴隷のように働かされている感覚に襲われることが少なくありません。収入がなかなか増えない一方で、食費や教育費などの値上げに頭を抱え、費用を何とかひねり出すべく私たちは四苦八苦しています。そして、どうしても収支のバランスが取れなくて、破産や家庭崩壊などに追い込まれてしまう人も少なくありません。

しかし、私たちはなぜこのように、お金の奴隷になったのでしょうか？　当然のことながら自然界にはお金は存在せず、ライオンやニホンザルが借金を苦に自殺することはあり得ません。お金はあくまでも人間が作った社会制度ですが、本来は人間の生活水準を引き上げるために作られたお金によって破滅に追い込まれてしまう人が出るという現状は、そもそも本末転倒ではないでしょうか？

実は、このように考えた実業家がいます。そしてこの実業家はその後経済について独学し、歴史上に残る経済学の傑作を発表しており、二十世紀前半で最も有名な経済学者ジョン・メイナード・

ケインズもその代表作『雇用・利子および貨幣の一般理論』の中でその功績を称えているのです。

この実業家の名前は、シルビオ・ゲゼル（Silvio Gesell）と言います。一八六二年に当時のドイツ（詳細は第一章を参照）に生まれ、二四歳だった一八八六年に南米はアルゼンチンの首都ブエノスアイレスに渡った彼は実業家として成功を収めますが、同時に経済の混乱により多くの人たちが貧困に喘《あえ》ぐ現状も目の当たりにし、心を痛めるようになります。彼は事業が軌道に乗ったところで家族にその事業を任せてヨーロッパに帰り、実業家としての自らの体験を踏まえつつ経済学の勉強に勤《いそ》しみ、一九一六年に『自然的経済秩序』という本を刊行します。

シルビオ・ゲゼルは、他の商品と違ってお金は価値が減らないので、お金を持っているほうが商品を持っているよりも有利な状況が発生し、そのために金利が発生するのだと考えました。たとえば昨日の新聞や腐った魚、三ケ月前の牛乳などは誰も買わないため商品価値がなく、これらの商品の売り手は価値がなくなる前に売りさばかなければならないのに対し、お金の場合にはインフレ（物価上昇）が起こらない限り、五年や十年タンス預金していても全然価値が減ることはありません。このため、経済的に同じ価値のものでも、具体的な商品よりもお金を持っていたほうが有利になるわけです。

また、お金は商品やサービスの交換手段としての役割も持っており、他の商品以上に誰もが欲しがるものである一方、手元に持っていても価値が減らないため、お金を持っている人がお金を欲している人に対して、金利という料金を取り立てることができます。

このような現状を変えるべきだとシルビオ・ゲゼルは考えました。そして、『自然的経済秩序』の中ではその具体案も提示しています。

この本では、そのシルビオ・ゲゼルの生涯やその代表作『自然的経済秩序』の内容紹介、そして二一世紀を生きる私たちがシルビオ・ゲゼルから何を学べるかについて、簡単に紹介しております。

まず第一章では、シルビオ・ゲゼルの生涯についてご紹介したいと思います。彼が生きた十九世紀後半から二十世紀前半にかけては、蒸気船の発達により世界各地が緊密に結ばれるようになった時代でした。南米とヨーロッパを何度も往復したシルビオ・ゲゼルのような人が数多く生まれる一方で、あちこちで経済が混乱を極めていた時代でもありました。その他、シルビオ・ゲゼルの理解の上でキーワードとも言える、共産主義や資本主義、金本位制や銀本位制という用語について説明しております。

次に第二章では、シルビオ・ゲゼルが『自然的経済秩序』で発表した二つの基本概念のうちの一つである「自由土地」と、その自由土地により生まれた国家収入を子育て中の母親に支給すべきだという「母親年金」についてご紹介したいと思います。シルビオ・ゲゼルは私有地という考え方に反対し、あくまでも地球上の土地は全人類のものであるという考えから土地の国有化を提案しました。また、土地を国有化することで各国政府に入る収入は、将来労働力として各国の経済を支えることになる子どもたちを育てている母親への年金にすることで、パートナーとなる男性の経済力を心配することなく女性が子育てに専念できる社会にすべきだと考えました。この考え方について、第二章では詳しくご紹介します。

そして、第三章では今の通貨制度が抱えている問題について、シルビオ・ゲゼルがどのように分析したかについてご紹介したいと思います。特にシルビオ・ゲゼルは金本位制や金利の存在を問題視しました。本来商品やサービスの取引を促進し、誰もが豊かな生活を送れるようにすべく生み出された社会機構であるお金が実際にはお金持ちのもとで滞留を起こし、さまざまな社会問題の原因になっていると考えたのです。

しかし、ご安心ください。シルビオ・ゲゼルは単に現在の通貨制度の問題を指摘するだけではなく、その解決策をもきちんと提示していました。たとえば乾電池は仮に使わなくても時間とともに性能が劣化してゆきますが、お金も同じように時間が経つにつれて価値が少しずつ減っていくようにすればよいとシルビオ・ゲゼルは考え、その具体的な方法についても紹介していました。この具体的な方法や、この方法が実施されたときに実際にどのような影響が出るかについて、第四章ではご紹介しています。

また、シルビオ・ゲゼルが『自然的経済秩序』を発表してから百年近く経っていますが、その中でシルビオ・ゲゼルの考えた内容に近いことが世界各地で実現しており、シルビオ・ゲゼルの理論の正しさを実証しています。さらに、シルビオ・ゲゼルはコスモポリタン（世界市民）として、国にとらわれることなく世界中のことを考えていましたが、グローバリゼーションが進む現在の世の中では、そのような立場からより公正かつ公平でみんなが幸せになれるグローバリゼーションを目指す立場の運動として、連帯経済と呼ばれる運動も始まっています。これらの動きについて、第五章では紹介いたします。

とはいえ、シルビオ・ゲゼルの時代から百年近く経った現在では、社会状況などが当時と違うものになっていることも確かです。また、シルビオ・ゲゼルの記述の中には、現在の価値観から見た場合に問題点と言えるような内容もあります。最終章となる第六章ではそのような点を紹介した上で、二一世紀に生きる私たちがどのようにシルビオ・ゲゼルを理解して、その考え方を実践してゆくべきかについて考えてゆきたいと思います。

目次

第一章　シルビオ・ゲゼルとその時代

シルビオ・ゲゼルとは

シルビオ・ゲゼルと言っても、その名前を耳にしたことがない方が大多数だと思いますので、この本を始めるにあたって、その生涯について簡単にご紹介したいと思います。

シルビオ・ゲゼル（Silvio Gesell）は、ザンクト・フィット（Sankt Vith）という小さな街で、九人兄弟の七番目の子どもとして、一八六二年三月十七日に生まれました。この街は現在ではベルギー領になっていますが、第一次世界大戦にドイツが敗れてこの地域をベルギーに引き渡すまではドイツ領でした。現在でもこの街ではドイツ語が使われていますが、ワロニー（ベルギーのフランス語圏）にも非常に近く、ドイツ語文化圏とフランス語文化圏の両方の影響が感じられる場所です。

また、シルビオの生い立ちを知る上でもう一つ大切な事実として、両親の存在を忘れることはできないでしょう。ザンクト・フィットがドイツ語文化圏とフランス語文化圏の接点であることについてはすでにお話ししましたが、実はシルビオ・ゲゼルの家族自体がドイツ語文化圏とフランス語文化圏の接点だったのです。シルビオの父親はプロテスタントのドイツ人でドイツ政府の徴税官であったのに対し、母親はカトリックのワロン人（フランス語を話すベルギー人）で、文学や音楽の才能にあふれた女性でした。家の中でもドイツ系とフランス系の両文化に接しながら育ったシルビオの幼少体験は、その後の生涯や彼の考え方に少なからぬ影響を与えたことと思われます。実際彼は幼少時をドイツ（当時ドイツ領だったザンクト・フィットも含む）だけでなくフランスでも過ごしており、文化の違いを肌で感じながら成長していったのです。

シルビオは、ベルリンに住んでいた兄のもとで商売の研修を積んだ上で、スペイン南部のマラガという街で二年ほど店を営みます。その後一八八六年、二四歳の時に彼は海を渡る決心をして、大西洋を越えてはるか南米はアルゼンチンの首都ブエノスアイレスに移住しました。当時のアルゼンチンは小麦や冷凍牛肉などの輸出で非常に栄えており、一九〇七年にアメリカが経済危機に陥った際にはアルゼンチンがアメリカに金融支援を行ったほどだったのです。また、アルゼンチンの公用語はスペイン語ですが、すでにスペイン在住経験のあったシルビオにとってアルゼンチンは、ことばの面からもあまり障害を感じることがなかったと言えます。

しかし、そのアルゼンチンでは通貨政策の失敗から、経済が大混乱に陥りました。金本位制（金〔きん〕を担保にしてお金を発行する制度）を採用していた当時のアルゼンチンでは発展する経済に金（きん）＝お金の供給が追い付かず、その結果物価が下がって倒産や失業が起きてしまいました。その後アルゼンチンでは金（きん）の担保なしでお金を発行するようにしたのですが、今度は紙幣を発行し過ぎて物価が上がり（インフレ）、経済が混乱を来《きた》すようになったのです。

シルビオ自身はこのような物価の上下について事前に知識を持っていたため、このような物価の動向を精密に観察した上で、他の人たちが財産を失うのを尻目に彼自身は一財産を築き上げることに成功しましたが、このような問題が起きてしまい、お金が市場や人々を支配するような通貨システムに疑問を持ちました。アルゼンチン移住からわずか数年後の一八九一年から九二年にかけてシルビオ・ゲゼルは、そのような通貨制度の問題を指摘した上で、パンや牛乳など他の商品と同じように、お金も少しずつ価値を減らすようにしようという内容の改善策を指摘した書物を何冊か、ドイツ語やスペイン語で刊行します。

この当時シルビオは、「カサ・ヘセル」（Casa Gesell、「ゲゼルの家」という意味、スペイン語ではゲゼルはヘセルと発音される）という輸入品を扱うお店を、ブエノスアイレスの中心街に構えていました。しかし経済の研究を通じて社会を変えようと決意したシルビオは、そのお店の事業を弟に託して一九〇〇年にはヨーロッパに帰り、スイスはジュラ州のレ・オー・ジュヌヴェー（Les Hauts-Geneveys）という村にある農場を買い取り、晴耕雨読の生活をしながら経済の研究を行い始めました。

ヨーロッパに戻った彼は、特に重農主義者と呼ばれる人たちと関係を持ちつつ土地と通貨の制度に関する改革を提案する論文や本を発表することで、少しずつその名が知られるようになってゆきました。一九〇七年に弟が死んだことから一時シルビオはアルゼンチンに戻って事業の立て直しに追われますが、息子が事業を継げるまでに成長したことから一九一一年にヨーロッパに戻ります。この際に土地制度改革論者たちがその理論を実践していた、ベルリン近郊のオラニエンブルク・エデン（Oranienburg Eden）という農村に住みつき、ここで自然を尊重した経済制度を作らなければならないと考えるようになります。

一九一三年にシルビオは、重農主義者の雑誌で新しいアイデアを表明します。通貨制度や土地制度の改革に加え、土地の小作料を母親年金として使おうという提案です。これにより母親が男性に経済的に依存しなくても年金だけで子育てが可能になり、また将来の労働力を育てるという母親の仕事が金銭的にも報われるようになる、というわけです。

このように経済改革の骨子を少しずつまとめていったシルビオは、一九一六年に主要著作『自然的経済秩序』（Die Natürliche Wirtschaftsordnung）を刊行します。『自然的経済秩序』という題名は日本語でもドイツ語でもちょっとわかりにくい表現ですが、これについてはシルビオ自身も、第三版に向けた序文の冒頭で、「ここで議論される経済秩序は、人間の『自然なあり方』（Natur）に適合するという意味でのみ自然的」（本性的 natürlich、英語でいうなら natural）と説明しています（この意味については、第二章で改めて取り扱います）。この本はその後英語、フランス語、スペイン語、イタリア語、そして日本語にも翻訳されています。

この本の刊行で彼の知名度はさらに上がり、その刊行直後にスイスのベルンで「金（きん）と平和？」（一九一六年四月二八日）、チューリヒで「自由土地、平和の根本条件」（一九一七年七月五日）という講演を行いますが、この両講演の内容もその後の『自然的経済秩序』の改訂版には含まれています。このことから、シルビオ・ゲゼルの研究者の間では『自然的経済秩序』の初版（一九一六年刊行）ではなく、この講演を付け加えた第四版（一九二〇年刊行）の内容が基本的に使われています。

この頃のヨーロッパは第一次世界大戦の真っただ中で、具体的にはドイツとオーストリア＝ハンガリー帝国などの同盟国が、イギリスやフランス、イタリアやロシア、さらにアメリカなどの連合国と激しい戦争を繰り広げていましたが、戦争によって経済的に疲弊したドイツでは戦争をやめようという機運が高まり、一九一八年十一月に革命が起こってドイツ帝国が崩壊し、俗に「ワイマール共和国」と呼ばれる民主的な政府が成立して、この政府により休戦協定が結ばれることになりました。また、この戦争の最中にロシアでは革命が起こり、世界初の社会主義国家ソビエト連邦（ソ連）が生まれたのです。

なお、余談になりますが、この第一次大戦では日本はイギリスやアメリカなどの連合国の一員としてドイツに対して戦争を行い、戦勝国としてそれまでドイツ領だった青島（チンタオ、現在の中国・山東省）やサイパン、パラオなど太平洋の島々のいくつかを譲り受けています。青島はその後すぐに中国に返還されましたが、サイパンやパラオなどの太平洋の島は第二次大戦まで日本の委任統治下に置かれることになりました。第一次世界大戦というと日本から遠いヨーロッパで起きたできごとにように思われる方も少なくないでしょうが、実際には日本にもかなりの影響を及ぼした戦争だったのです。

このような世界の激動は、シルビオ自身の人生にも激しい変化をもたらしました。『自然的経済秩序』の初版が刊行された頃にはシルビオはスイスに住んでいたのですが、このような戦争を起こしている各国政府の横暴さを目の当たりにして、無政府主義（アナーキズム）に傾きます。これについては、ちょっと詳しい説明が必要でしょう。

無政府主義というと、政府が機能しない混乱状態を推進する立場のように思う人がいるかもしれませんが、実態は逆です。私たちは日頃、教育や年金制度など社会の運営のさまざまな部分を政府に任せていますが、その政府が信頼できないと思った場合には、私たちが自主的かつ直接管理するシステムを作るべきだという考え方です。無政府主義は、どちらかというと権威主義的な国家を嫌う左翼だけの運動と思われがちですが、最近では政府の干渉を嫌う資本家たちによる無政府資本主義（アナルコ・キャピタリズム）という運動も存在します。

両方に共通する点として、政府が私たちの生活を管理するのではなく、私たちが自主的に生活のさまざまな部分を管理しようというものです。市民の自由を何よりも大切にする立場から、政府に任せきりにするのではなく、政府から自立した市民社会が社会のさまざまな役割を担ってゆこうという立場です。ただ、いわゆる無政府主義は一般市民による自主運営の運動であるのに対し、無政府資本主義は国鉄や郵便局、高速道路や水道など政府の公共サービスを民営化して営利目的の民間企業に担当させようという動きで、主に民営化によって儲けが期待できるお金持ちの中で人気があります。

そして、シルビオの人生にさらなる激動が訪れます。ドイツ南東部のバイエルンには、一九世紀後半にドイツ王国が成立してからも、そのドイツ王国の一部であるバイエルン王国として独自の王様を擁していました。日本人も多く訪れる観光名所として有名なノイシュヴァンシュタイン城は、この時代のバイエルンのルートヴィヒ二世が建設したものです。しかし、第一次大戦が終わるとバイエルン国王ルートヴィヒ三世が一九一八年の十一月十三日に退位して、クルト・アイスナーという人が首相を務める「バイエルン自由国」という新しい政府が成立します。このアイスナーが一九一九年二月二一日に暗殺されるとバイエルンでは左翼の運動が活発になり、四月六日にはロシア革命の影響を受けてアナーキストがバイエルン・ソビエト共和国という政府を樹立しましたが、この政権にシルビオは金融担当相として入閣することになったのです。自分が長年提唱していた経済政策を実際に実施できる立場になった彼は、どれだけ興奮したことでしょうか。

しかしながら、この政権はわずか一週間で別の共産主義者などにより崩壊してしまい、その後の混乱の中でシルビオは国家反逆罪に問われます。この裁判では彼は無罪を勝ち取りますが、これによってスイス当局がシルビオを危険視するようになり、スイスに入国できなくなりました。スイスに入国できなくなったシルビオはオラニエンブルクに戻り、アルゼンチンやルーマニアなどを訪問する以外はドイツ国内で静かに余生を送り、一九三〇年三月十一日に肺炎により六十八年にわたる生涯を終えたのです。

ここまで、シルビオ・ゲゼルの生涯をごく簡単にたどってみましたが、シルビオが他の経済学者と違った点として、もともと実業家であったことが挙げられるでしょう。ブエノスアイレス在住の実業家としてアルゼンチン経済の混乱を実際に目の当たりにしたことから経済の研究を始めたシルビオは、机上の理論のみならず実業家としての経験を基にした研究を行うことができました。また、土地改革についても単に提案を行うだけではなく、その提案を実現していた村に住み込んではその実践に関わっていました。このため、経験に裏打ちされ、それだけ説得力のある理論を打ち立てることができたと言えます。

また、シルビオ・ゲゼルは世界市民（コスモポリタン）としての側面も持っていました。彼自身の国籍は生涯一貫してドイツのままでしたが、ドイツ系の父親とワロン系（フランス語系）の母親の間で育ち、スペインやアルゼンチンで長年過ごした彼は、さまざまな文化に日頃から接していました。このため各国文化の長所を理解しており、その上で世界各国が共存共栄できるような社会を望んでいたのです。

最近グローバル化に対する反発として国粋主義的な動きが時に世界各地で見られますが、そうではなくコスモポリタンとして世界各地のよいところを共有して人類全体の幸福に結びつけようというシルビオの態度からは、今も学ぶべき点が多いのではないでしょうか。

シルビオ・ゲゼルの経済理論は世界的にはまだそれほど知られていませんが、特にドイツ語圏では少なからぬ数の支持者がいて、その人たちが今に至るまで彼の提案した「減価する貨幣」（あるいは中立貨幣）の実現に向けてさまざまな活動を行っています。その中でも最も活動的な団体として、「自然的経済秩序のためのイニシアティブ」（Initiative für Natürliche Wirtschaftsordnung、http://www.inwo.de/）を挙げることができるでしょう。

また、不況のときには政府が支出を増やすことで景気を立て直すべきだと提案し、その後の世界経済に大きな影響を与えた有名な経済学者ジョン・メイナード・ケインズも、その主要著書『雇用・利子および貨幣の一般理論』の中で、「将来、マルクスよりもゲゼルの精神から多くを学ぶことになるだろう」（第二三章VI）と一定の評価を与えています。ケインズ自身はその理論が不完全であると批判していますが、少なくともシルビオ・ゲゼルの発想から学ぶべきところがあることを、当時世界でも最高の経済学者だったケインズが認めているという点は、忘れるべきではないでしょう。

息子のカルロス・ヘセルについて

また、シルビオとは直接の関係はありませんが、彼の息子のうちの一人であるカルロス・ヘセル（Carlos Gesell）についてもちょっと紹介したいと思います。

カルロス・ヘセルは一八九一年三月十一日にブエノスアイレス郊外で生まれました。一九〇〇年には父シルビオとともにスイスに移住し、スイスで青年期を過ごしたあとにアメリカ合衆国に留学しました。一九二六年にカサ・ヘセルの経営に携わるためにブエノスアイレスに戻り、ベビー用品で当時のアルゼンチンにはなかった商品をアメリカ合衆国から輸入することで、見事にカサ・ヘセルの経営を立て直したのです。

その後、一九三一年十二月（南半球のアルゼンチンでは夏）に同国最大のビーチリゾートであるマル・デル・プラタに滞在していたときに、近くの砂丘が売りに出されているという話を耳にして、その砂丘を買い取り、この砂丘に入植しました。砂丘の上に一軒の家を建て、多くの労働者を雇っては、その人たちと一緒に乾燥に強い木を植えるなどしてこの地域の緑化に取り組んだのです。

もともとカルロスが砂丘を買い取った理由は、ここで松の木を植林してカサ・ヘセルの工場で使う木材を調達するためだったのですが、「ビジャ・ヘセル」（Villa Gesell、「ゲゼル町」の意味）という名前がついたこの街は、その後アルゼンチンでも有名な保養地になり、特に一九六〇年代はヒッピーなどが数多く集う場所になりました。自由を愛したゲゼル一家らしい街としてビジャ・ヘセルはその後も発展を遂げるのですが、この街の創建者であるカルロスは常に街の人たちの尊敬を集めており、この街にはシルビオの子孫が今でも数多く住んでいます。

なお、ゲゼル家のアルゼンチンの繁栄の基盤を作ったシルビオの名前は、決してアルゼンチンでは忘れられることはありませんでした。今でもビジャ・ヘセルの入口にはその名も「シルビオ・ゲゼル大通り」という大通りがあり、この通りには経済学者としてのシルビオを紹介する記念碑があります。また、ビジャ・ヘセルという名前自体も、この街を創建したカルロスではなく、アルゼンチンにおけるゲゼル家の礎を築いたシルビオ・ゲゼルにちなんだものだそうです。

この他、カルロスが最初に建てた家は今では街の資料館になっていますが、この資料館でも経済学者としてのシルビオの業績が紹介されています。今では大きく育った松林の中にある資料館の中で、砂丘の上に一軒ポツンと立っているだけだった一九三一年当時のこの家の写真を見ると、カルロスら入植者の苦労がしのばれます。

シルビオ・ゲゼルが生きた時代の世界について

また、シルビオ・ゲゼルの作品を理解するには、当時の世界情勢についてある程度の予備知識を持っておく必要があります。

シルビオ・ゲゼルが生まれた当時の世界では、主にヨーロッパ各国が膨大な植民地を持っていました。特にイギリスはカナダ、アフリカ、インド、マレーシア、オーストラリア、ニュージーランドなど世界の幅広い場所を植民地として持っており、フランスもアフリカに植民地を持っていました。この時代、ヨーロッパ諸国は戦争を繰り返しており、その結果として植民地の支配国が変わることも少なくありませんでした。

このような状況は、アジアでも同じでした。この日本の近くでは一八四〇年に当時の清とイギリスとの間でアヘン戦争が勃発し、この戦争に負けた清は香港をイギリスに譲ることになります(その後さらに新界と呼ばれる場所もイギリスの租借地となり、最終的に香港が中国に戻ったのは一九九七年のことです)。また、フランスやドイツ、アメリカやロシアなど他の国も中国への進出を始めます。さらにベトナムやカンボジアなどではフランスの影響が強まり始め、一八八七年には仏領インドシナという形で正式にフランスの植民地になったのです。

このような流れは、当然のことながら日本にも影響を与えるようになります。実際に十八世紀後半から日本との通商を求めてロシアの船が日本近海を航行するようになり、日ロ間に緊張が走る事態も起きていましたが、日本にとっては一八五三年のペリー来航が何よりも衝撃的だったと言えるでしょう。黒船の技術力に圧倒された日本は幕末の混乱を経て、一八六八年に成立した明治新政府のもとで近代化を始めます。そして経済的にも軍事的にも力をつけた日本は、一八九五年に台湾を、そして一九一〇年に朝鮮半島を支配下に入れ、先ほども書いたように第一次大戦後にはサイパンやパラオなど太平洋の島々も支配するようになったのです。

ところで、なぜヨーロッパの国々はあちこちで戦争を起こしてまで、世界各地に植民地を求めるようになったのでしょうか。これには産業革命が大きく関わっています。

産業革命が起こったのは十八世紀のイギリスとされていますが、この時代にそれまでの紡績や製鉄などの産業が機械化され、大量生産が可能になりました。これによりイギリスで織物製品が大量生産されるようになると、この製品を売りさばく場所が必要になりました。また、産業が発展するにつれて綿や各種鉱物などさまざまな資源が必要となり、その資源の調達先として植民地が必要となりました。先ほどアヘン戦争の話をしましたが、この戦争も中国からお茶をたくさん買い入れていたイギリスが、アヘンなどイギリス側の製品を売り込むために仕掛けたものです。

また、南北アメリカ大陸やオーストラリアなどはまだまだ十分に開拓が行われておらず、ヨーロッパから数多くの移民を受け入れました。シルビオ・ゲゼル自身もブエノスアイレスに移民して一旗揚げたわけですが、この時代は他にもアメリカ合衆国やカナダ、ブラジルやメキシコなどさまざまな国が移民の受け入れを行っていました。ヨーロッパで貧しい生活を送っていた人たちが数多く南北アメリカに渡り、広大な農地を手に入れて農業を始めていたのです。

今では考えられないでしょうが、日本もこの当時は数多くの移民を海外に送り出していました。当時日本の植民地だった台湾や朝鮮半島、そして一九三〇年代には満州（現在の中国東北部）に数多くの移民が渡ってゆきました。アジアだけではなく、ブラジルやペルーなど南米にも日本からも数多くの移民が渡っています（関東地方や東海地方などで働いていた日系ブラジル人労働者は、このような移民の子孫です）。第二章ではドイツから新大陸への農業移民の話題も取り上げられますが、この時代には日本も含めて世界各国でこのような移民がたくさん海を渡っていたのです。

マルクス主義（共産主義）について

また、特に若い読者の方には、『自然的経済秩序』の中でシルビオ・ゲゼルがたびたび批判するマルクスについてあまりご存じでない方もいるのではないかと思います。しかし、マルクスの思想は十九世紀から二十世紀にかけて世界に大きな影響を与えていますので、シルビオ・ゲゼルを理解するためにもマルクスについて知っておく必要があるでしょう。

カール・マルクス（Karl Marx、一八一八～一八八三）は、マルクス主義と呼ばれる政治潮流やマルクス経済学（マル経）と呼ばれる経済学の基盤を作り出した人です。彼の代表作『資本論』は非常に分厚い本で全部読むだけでも一苦労ですが、この本の中でマルクスは、資本主義のさまざまな矛盾点を指摘しています。このマルクスの経済理論を研究する学問がマルクス経済学で、この理論を実際の政治で実現してゆこうという政治的立場がマルクス主義と呼ばれるものです。

先ほど産業革命が起きた話をいたしましたが、この産業革命によりイギリスなどヨーロッパ各地では工場が数多く建設され、そこで何万人もの労働者が低賃金かつ長時間の単純労働に従事しました。工場などの現場で労働者がいくら頑張って働いても豊かになれず、食うや食わずのギリギリの生活を余儀なくされていた一方で、その工場の経営者は莫大な富を築き上げて裕福な生活を送っていたのです。

マルクスはこの状況を問題視した上で、その原因と解決策を提案しました。彼は労働者による労働そのものに価値があると考え、その労働の価値は労働者が単に生き永らえるのに必要な食料や衣服などの価値よりもはるかに多いものであるのにも関わらず、そのはるかに多い分（「剰余価値」）が経営者によって労働者から「搾取」されていると説明しました。

ちょっとわかりにくいので、具体的な数字を挙げて説明しましょう。たとえば、ある工場労働者が一ヶ月の労働で四十万円分の価値の原材料を百万円の価値の商品に加工した場合、この人の一ヶ月の労働の価値は六十万円となります。しかし、その六十万円のうち十二万円しかこの人が手にすることができなかった場合、残りの四八万円（剰余価値）は当然のことながら経営者の手に残ります（ここでは説明の都合上、税金や保険料などはないものとして考えます）。実際には彼の仕事により六十万円相当の価値が生まれているのですが、その価値の八割もが経営者に搾取されているので、この労働者は自分一人が生活するので精いっぱいの給料十二万円しかもらえない構造があるのです。

そしてマルクスは、経済が発展する仕組みを以下のように考えました。まず工業化が起きると、工場の経営者やその工場にお金を出している資本家など豊かな生活を送る市民階級（ブルジョワ）と、その工場で低賃金長時間労働を行う無産階級（プロレタリア）とに分かれます。工業化が進むと社会全体としては豊かになりますが、その富を享受できるブルジョアと貧困に喘いだままのプロレタリアとの間での対立が激しくなります。やがてプロレタリアはブルジョワに対する革命（プロレタリア革命）を起こしてブルジョワとの闘いに勝利し、共産主義政権が樹立されるようになるというのです。

プロレタリア革命が起きて共産主義になると、プロレタリアが自分たちの好きな政策を実施できるようになります。貧富の差が生まれる原因が工場という生産財の私有（すなわち一部の資本家による保有）にある以上、国がその生産財を持つようにすれば労働者に対する搾取はなくなり、労働者はそれぞれ本来自分が手にすべき所得（先ほどの工場労働者の例で言えば六十万円全て）を手にすることができるようになります。こうして労働者は自分たちの労働が生み出した価値を全て給料という形で手にすることができ、貧困に苦しむことがなくなる、というわけです。

シルビオ・ゲゼルがこのようなマルクスの議論にどのように反論したかについての説明は後の章に譲るとして、実際にはそのようなプロレタリア革命が最初に起きて政権を取るようにまでなったのは、当時工業化の面で非常に遅れていたロシア（革命後はソ連）でした。また、第二次大戦後にはポーランドやハンガリー、ルーマニアなど東欧諸国が共産主義体制になりましたが、これはプロレタリア革命ではなくソ連による軍事制圧の結果です。他にも中国やキューバなどが共産主義になりましたが、工業化が進んだ国が社会主義になった例は歴史上存在しません。

さらに、共産主義では国家による計画経済が行われましたが、このために個人が自由に商売を行うことができず、人々の創造性が活用されなくなりました。また、共産党による一党支配が行われ、言論の自由もなくなり、政府に反対する人が逮捕されて拷問を受けることが少なくありませんでした。

このような息苦しい社会ではなくもっと自由を求めて東欧諸国では一九五〇年代以降たびたび民主化運動が起き、ついに一九八九年にはポーランドやルーマニアなど東欧諸国全てで共産党の一党独裁が終わりました。共産主義体制だった東ベルリンと資本主義体制だった西ベルリンを分断していたベルリンの壁が崩れ、東西ベルリンの人たちが出会ったシーンはその最たるものでしょう。中国は政治的には今でも共産党が支配を続けていますが、経済面では一九七〇年代末から改革開放経済を推進しており、今や共産主義とは言えない国になっています。そして一九九一年には共産主義の本家ともいえるソ連が崩壊してしまいました。今でも純粋な共産主義と言える国は、世界でも北朝鮮ぐらいのものになっています

資本主義について

　このような共産主義の特徴については広く知られていますが、それに対して日本など世界のほとんどの国の経済体制である資本主義については、意外に知られていません。経済に詳しい人でも、資本主義と特に市場経済とを混同して議論していることが少なくありませんので、ここでは資本主義についても説明したいと思います。

　市場経済とは、商品の提供者とそれを求める消費者が自由に経済活動を行うもので、たとえば誰でも自分の作ったお米やジャガイモやセーターなどを好きな値段で売ることができるような経済体制です。確かに共産主義の国では市場経済ではなく計画経済が営まれていますが、市場経済を営むには必ずしも資本主義である必要はありません。実際、市場経済自体は資本主義が生まれるはるか以前から存在していました。世界各地で定期的に市場を開いて、農家や漁師などが野菜や魚などを、特には物々交換で売り買いしていましたが、この市場こそが市場経済の原点です。

　市場経済では、基本的に他の人たちが欲しがる商品やサービスを提供する必要があります。そのためには他の人たちが何を欲しがるかを見極めた上で、その需要を満たすような商品やサービスを作り出す必要があります。シルビオ・ゲゼル自身はこの市場経済の大切さを、「分業」という表現で述べていますが、パン屋さんはパン焼きに、漁師は魚釣りに、コメ農家は稲作に、大工は家の建築に集中することで、各人が完全に自給自足の生活をするよりもはるかに豊かな生活ができるようになることを示したのです。

市場経済の場合、普通はさまざまな人が商品を提供できることから、そこで競争が起きて値段が下がります。たとえばパン屋さんが一人しかいない場合、そのパン屋さんが値段をつり上げて儲けを増やそうと考えるでしょう。しかし、それだけパン屋が儲かると分かれば、他の人もパンを作って売り始めます（新規参入）。するとパン屋さん同士で競争が起きて、パンの値段が適正価格まで下がるわけです。このように、儲かると思った事業であれば誰でも始められるのが、市場経済の特徴です。

それに対し、資本主義とは資本のための経済活動のことで、十七世紀初めに創設された東インド会社が資本主義の原型です。この当時ヨーロッパでは日本や中国やインドなどアジア諸国との貿易に注目が浴びていた一方、アジアまでの航海には莫大な資金が必要となるため、この資金を出してくれる人を募る必要がありました。そのため、航海のための資金をいろいろな人から募った上で、航海に無事成功して利益が出た場合には出資金に応じて利益を配当する仕組みができ、このシステムがその後発達して株式会社と呼ばれるようになったのです。

資本主義は、主に株式会社に代表される民間企業の活動を指します。企業は資金を出してくれた人たちに株を発行して渡し、株主はその会社の共同所有者となります。たとえば総発行株数が三万株の会社のうち六千株を持っている人の場合、その会社の五分の一を所有していると考えられるわけです。当然のことながら株主がお金を出すのは、その会社を通じて配当を手に入れるためですので、この結果会社の経営者は、株主のための打ち出の小づちとして、できるだけ多くの利益を株主に提供すべく努力を重ねる必要があるわけです。そのため、自由に競争が行われている場合には商品を値下げしたり商品の質を高めたりして、消費者が気に入るような商品を提供しようとします。

しかし、同じ資本主義企業でも権利を独占している場合にはそういう努力をする必要がありませんから、値段を吊り上げて利益を最大化しようとします。たとえば、同じジュースでも街中の店では百五十円で売っているものが、山あいのホテルでは百八十円や二百円で売っている場合がありますが、これは街中から離れて競争相手がいない場所では、少しぐらい高い値段をつけてもお客さんは買ってくれるからなのです。そして、実際その値段でも我慢して買ってくれる人がいる以上、ホテルではその値段で売ることで最大の儲けを手に入れることができるのです。

さらに、株が自由に売買されるようになると、今度はその株の値段が会社の評価としてみなされるようになりました。つまり、株価が上がっている場合には資産価値のある会社として投資家から評価される一方で、株価が下がっている場合には経営陣に対して株主が責任追及を行います。そのため、経営者は常に株価を気にしながら経営を行い、株価ができるだけ上がるように努力するのです。

このようなことから、市場経済とは国家による計画に従うのではなく市場を通じて消費者の欲しがる商品やサービスを提供する経済システムであるのに対し、資本主義とは株主が出資した企業が、株主の利益の最大化のために活動を行う経済システムであるということができます。もちろん資本主義以外の経済体制でも資本主義に見られるような利益追求主義は存在しますが、資本主義の場合にはあくまでもその会社で仕事をしている従業員ではなく、資金は出すものの会社で仕事を行うわけではない株主に経済的利益をもたらすためのものである点については、きちんと確認しておいたほうがよいでしょう。

また、農家や漁師などが野菜や魚などを直接売り買いする市場のように、株主＝資本主義がなくても競争に基づいた市場経済が成立する場合もあれば、他に競争相手がいないことから一本二百円の値段でもジュースが売れる山あいのホテルのように、自由な市場経済がなくても資本主義経済が成り立つ場合もあります。資本主義と市場経済は必ずしもイコールの関係ではないのです。

金本位制・銀本位制について

この他に、金本位制や銀本位制という表現がひんぱんに出てきますが、これについても本編に入る前に少し説明しておきたいと思います。

十九世紀にはほとんどの国でも今と同じように紙幣が使われていましたが、今の紙幣とは違い、お札を発行するためには銀行が金（きん）か銀を担保として持っておく必要がありました。たとえば、金（きん）一グラムが千円だとすると、一万円札を一枚発行するには金（きん）十グラムが必要というわけです。

この当時、日本でもヨーロッパでも正式のお金は金貨や銀貨でしたが、特に大金を扱う場合には金（きん）や銀だと重くて持ち運びに不便ということから、金銀を銀行に預けて預かり証をもらい、普段の取引ではこの預かり証をお金として使おうということになりました。これが、今私たちが使っている紙幣の元々の姿です。

金本位制や銀本位制のよいところは、お金に担保がある点です。実際当時のお札には、「このお札を中央銀行に持ってきた者には……グラムの金（きん）／銀を払い戻す」と書かれていました。たとえば、一九四五年から一九七一年まではブレトン・ウッズ協定という協定により世界各国の通貨の為替レートが固定されていましたが、その固定レートの基準となっていた米ドルについては、三五ドルあたり一オンス（約二八グラム）の、つまり一ドルあたり約〇・八グラムの金（きん）に交換できると約束されていました。そして当時は一ドル三六〇円と決められていましたから、間接的な形で日本円も、約四五〇円で一グラムの金（きん）に交換できたわけです。

しかし、紙幣が元々預かり証だったということは、この紙幣は金（きん）や銀がなければ発行できないことになります。たとえば、千円あたり金（きん）一グラムと交換すると決めた場合、一億円を発行するには金（きん）百キロが、一兆円を発行するには金（きん）千トンが必要となります。

また、何かの理由で金（きん）や銀が大量に持ち込まれるとお金の流通量が増え過ぎてしまって物価上昇（インフレ）が起きる一方で、経済発展に見合うだけの金銀が生産されていない場合にはお金の供給不足から物価下落（デフレ）が発生し、経済活動が停滞してしまいます。

実際、十六世紀に中南米からスペインが大量の金（きん）をヨーロッパに持ち運んだときにはヨーロッパでインフレが起きた一方で、先ほども説明したように金（きん）不足に陥った十九世紀末のアルゼンチンではデフレが起き、倒産や失業に多くの人が見舞われたのです。また、先ほどのブレトン・ウッズ体制化でアメリカは経済成長を遂げており、経済成長に伴ってお札の発行量も増えていたのですが、そのお札の担保となるだけの金（きん）が米国にはなかったことから、一九七一年八月十五日に当時のニクソン大統領が、最終的に金（きん）とドルとの交換を停止すると発表しました。そして、一ドル三六〇円という為替相場から、今のように毎日通貨の値段が変わる変動相場制に移行したのです。このできごとは、今でもニクソン・ショックと呼ばれています。

シルビオ・ゲゼルが生きていた当時は、第一次大戦中を除いて主な国は金本位制や銀本位制を採用していました。第一次大戦中を除いてというのは、戦争中に各国政府が莫大な量のお金を必要とするようになりましたが、それだけのお金を発行するだけの担保になる金銀を持っていなかったためです。しかし、その金本位制や銀本位制による矛盾を目の当たりにしたシルビオ・ゲゼルは、金属の担保を必要としない通貨制度を提案したのですが、これは当時の状況から考えればかなり思い切ったことであったと言えるのではないでしょうか。

なお、金（きん）や銀はシルビオ・ゲゼルが生きていた当時はあまり工業面では利用価値のないものでしたが、今日、銀は写真のフィルムや抗菌剤などとして、そして金（きん）は携帯電話など、私たちの生活に欠かせないさまざまな電化製品の中に使われています。仮に今でも金（きん）本位制が続いていた場合、その金（きん）の産出量や消費量に世界の物価、特に金（きん）を使う電化製品の値段が大きな影響を受けていたことでしょう。金（きん）や銀を担保としてお金を発行する金本位制や銀本位制には、このような問題もあったのです。

第二章　自由土地と母親年金

第一章ではシルビオ・ゲゼルの人となりや彼が生きた当時の時代背景、またこれから取り扱う彼の代表作『自然的経済秩序』を読み進めるにあたって必要となる予備知識について説明してきました。ここからは、その『自然的経済秩序』の内容をわかりやすく解説してゆきたいと思います。

『自然的経済秩序』が提案している経済改革は、「自由土地」と呼ばれる土地制度の改革と、「自由貨幣」(「中立貨幣」とも)と呼ばれる通貨制度の改革の二本柱となっています。『自然的経済秩序』の第一部では南北アメリカなどにある自由土地がどのようなものであり、どのような経済的影響を与えるかについて記述されており、第二部ではこの自由土地を達成するために必要な土地改革に加え、子育て中の女性を経済的に支援する母親年金について説明されています。この第二章では、この自由土地と母親年金についてご紹介したいと思います。

『自然的経済秩序』という題名について

本題に入る前に、『自然的経済秩序』という題名についてちょっとご説明したいと思います。シルビオ・ゲゼルの代表作は普通、『自然的経済秩序』という題名で日本語に訳されていますが、「自然的な経済秩序」という表現に戸惑われた方も少なくないのではないでしょうか。これは何も日本語訳が間違っているのではなく、原文のドイツ語(〝Die Natürliche Wirtschaftsordnung〟、英訳では〝The

Natural Economic Order》）という表現も不自然な表現であるということで、本人が第三版への序文で以下のように説明しています。

「人間の『自然なあり方』（Natur）に適合するという意味でのみ自然的（本性的 natürlich）である。そのため、これは自然の産物としてひとりでに現れる秩序ではない。そんな秩序はそもそも存在せず、意識的に求める行為として秩序を人間が獲得するのだ」

つまり、簡単にいうと「人間らしい生き方に合わせた経済秩序」、他の言い方をすれば「人間らしい生活を実現するための経済制度」ということになります。ただ、シルビオ・ゲゼル本人も認めているようにその法則は、ニュートンの万有引力の法則のように既存のものではなく、私たち一人ひとりが「意識的に」努力して作り上げる必要があるというわけです。

シルビオ・ゲゼルは経済秩序について、さらに持論を展開します。彼は**「人類に最高の繁栄をもたらす経済秩序が、最も自然なもの」**（第三版への序文）と定義した上で、そのためには今のように結婚する場合に男性の経済力が問題になるような社会ではなく、男性の体力や知性などの能力が重要視されるような社会にして、能力の高い男性により**「品種改良」**を行う必要があると説明しています。

この表現自体は、二一世紀の現在の観点からは問題点もあり、それについては第六章「優生学的思考」で詳しく検討してゆきます。しかし、これによって後ほど見てゆくように、男性に経済的に頼ることなく女性が子育てをできるような社会が構築されることになります。第五章では、シルビオ・ゲゼルの提案とは多少違う形ではあるものの、子育て支援を政府が積極的に支援することで出生率を上げているフランスの取り組みを紹介していますが、このような実践例があることから考えても、母親年金という基本的な考えは、今でも有効ではないでしょうか。

ここで、ちょっと面白い見解をご紹介したいと思います。ベルギー出身の経済学者で、後ほど紹介する「補完通貨」という表現を考え出したベルナルド・リエターさんは、「お金とは何か？」という問題に対して、以下のような答えを出しています。

「地域社会の中で何かを交換道具として使おうという合意」

ここで大事な点は、お金が「地域社会の中での合意」、つまり「規則」であるという点です。たとえば、日本にはいろいろな法律がありますが、この法律は永久不変ではなく、私たちの必要に応じていつでも変えることができます。たとえば、以前は携帯電話で通話をしながら自動車を運転することは法律上問題ありませんでしたが、通話中に事故が多発したことから法律が改正され、運転中に携帯電話を使うと罰せられるようになりました。ですので、お金についても同じように、その合意＝規則に問題があると思えば、私たち自身が自由に変えることができます。ニュートンが発見した万有引力の法則のように、永遠に変わらないものではないのです。

また、国によって法律は違い、それによって社会の運営にも違いが出てきます。たとえば、日本では二十歳になるまでお酒を飲むことはできませんが、ヨーロッパの多くの国では十八歳から飲酒が許可されている一方で、米国の大部分の州では二一歳にならないと飲酒ができませんし、サウジアラビアではそもそも飲酒が禁じられています。ですので、ヨーロッパでは大学新入生がお酒を飲む姿を見かけますが、米国ではそういうことはあり得ません。さらに、サウジアラビアではお酒が飲めないため、日本人でもこの国に住んでいる人はお酒を飲めない一方で、飲酒が禁じられていない近くの国までお酒を飲みに出かけるサウジアラビア人も少なくないのです。

これは特に、税金や年金、補助金や各種手当などにもあてはまります。税率や補助金の額を変えたりすることで、社会の仕組みを変えることができるのです。

たとえば日本やヨーロッパでは国民保険制度があるため、私たちは比較的少ない自己負担で治療を受けることができますが、米国ではこのような制度がなく、民間の保険に加入しようとしても保険料が高いため、特に貧しい人の中で保険に加入していない人がたくさんいます。このような状態では病院で治療してもらうと莫大な費用がかかるため、貧しい人たちは病院に行くことができず、病院に行くことができれば治療できる病気を治せずに辛い思いをしたり、最悪の場合には命を失ってしまうことになるのです。

また、ヨーロッパや中南米では国立大学の授業料が無料、あるいは無料に近い国が少なくない一方、米国の大学の授業料は日本以上に高いものです。そのため大学に行きたくても行けず、授業料を貯めるために高校を卒業して軍隊に入る人も少なくありません。

シルビオ・ゲゼルはこのような立場から、どうすれば女性が経済的に自立でき、貧しい人たちが金持ちの奴隷のような形で働く必要がなくなるようなシステムを作ることができるかを考え、そのための制度としてこれからお話する「自由土地」と「自由貨幣」を考え出したのです。

労働収益について

第一部ではシルビオ・ゲゼルは、「労働生産」(Arbeitserzeugnis)・「労働生産高」(Arbeitserlös)、そして「労働収益」(Arbeitsertrag)という表現を使い分けています。この使い分けをきちんと理解しないと以下の説明がわかりにくくなるため、この三つの用語について、お弁当屋さんの例で考えてみましょう。

労働生産　お弁当屋さんが作るお弁当の合計。たとえば一日三百食が全部売れた場合、三百食。

労働生産高　お弁当屋さんが手にする金額の合計。お弁当の値段が四百円の場合、四百×三百＝十二万円。

労働収益　この労働収益から食材費やお店の家賃、光熱費やバイトの給料など一切の経費を引いた残り。たとえば経費が一日あたり九万円かかる場合、十二万円から九万円を引いた三万円。

私たちはついつい労働生産高だけを注目しがちですが、実際に私たちが手にできるお金は労働収益ですので、この労働収益がいくらになるかを見極めることが大切です。そして、今の経済では本来手にすべき労働収益（完全労働収益）の一部が、小作農の場合には地代として、お金を借りて事業を行っている人の場合には金利として消えてゆくことになります。シルビオ・ゲゼルは、このような地代や金利を問題視したのです。なお、地代がどのようにして決められてゆくかについては、後ほどゆっくり検討することにします。

また、労働収益を考える場合には、輸送費や関税も重要な要素になってきます。第一章でもお話したように、当時は世界各地に開拓可能な土地がまだまだたくさんありましたが、ある農民がカナダに入植して収穫した小麦をドイツに売る場合には小麦の売上金（労働生産高）から、カナダからドイツまでの小麦の輸送費や小麦に対してドイツ政府がかける関税が引かれ、さらにカナダでは当時生産されていなかった家具や電灯などをドイツから輸入する場合、その商品の輸送費やカナダでの関税も支払わなければなりません。これらの経費分だけ、当然のことながら労働収益は減るわけです。

しかし、シルビオ・ゲゼルの時代には海運が発達し、輸送費が下がり続けていたことから、一八七三年であれば小麦の労働生産高のうち半分以上が輸送費に消えてしまっていたのに対し、一八八四年では労働生産高のうち四分の三が労働収益として残るようになりました。これにより、以前と比べると地代が下がったと説明されています（詳しくは後述）。

三種類の自由土地と地代の関係

さて、ここからは自由土地の話になりますが、まずシルビオ・ゲゼルは、自由土地は三種類あると説いています。具体的に見てみましょう。

第一種自由土地とは、まだ誰も開墾していないものの、簡単に開拓して農地にすることができる土地のことです。今ではそのような土地はなかなか見つけることはできませんが、当時の世界では米国やアルゼンチン、南アフリカやオーストラリアなどにそのような土地がまだまだたくさんありました。そういう土地がある場合、単にその土地に入植して土地を登記すれば自分の土地とすることができましたが、少なくともヨーロッパの農民がそのような土地を手に入れるにははるか遠くの土地に移住しなければなりませんでした。

しかし、これだけが自由土地ではありません。当時は北米や南米など新大陸で広大な土地を持っているものの、自分はヨーロッパに住んでいて実際に農業をやるわけではない人がたくさんいました。そういう人たちには比較的少額の地代を払えば、そこで農業ができるようになりました。こういった土地をシルビオ・ゲゼルは第二種自由土地と呼びました。

しかし、技術の発展により、これ以外にも農地として使えるようになる場所が増えるようになります。たとえば、ベルリンのような都市で四階建てのマンションしか建設が認められていないとしましょう。仮にこの四階建てまでという制限が緩められ、八階建てのマンションの建設が認められるようになると倍の人数が同じ面積の土地に住め、住宅地に必要な面積が半分で済むようになります。この結果、残りの半分の土地は農業で使えるようになり、それだけ自由土地が増えるというわけです。

また、同じ土地で農業をする場合でも、全く肥料を使わない場合と化学肥料をふんだんに使う場合では、穀物の収穫量に大きな差が出てきます（今の農業では化学肥料をふんだんに使うのはあまりよい農法とはされていませんが、二十世紀初頭はこのような考え方が一般的でした）。たとえば化学肥料を使うことで収穫量が三倍になるのであれば、それは元の土地の三倍の面積の自由土地が新しく生まれるのと同じことだと考えられるわけです。

シルビオ・ゲゼルはこのように、さまざまな条件によって実質上新しい土地ができるのと同じ効果が生まれる場合を、第三種自由土地と呼びました。

さて、このような自由土地がある場合には、農民には選択肢が増えることになります。小作農として大地主の農園でこき使われるのが嫌ならば、米国などに移住して新大陸で新しい農地を切り開けば自営農民になることができます。しかし、当然ですが実際に移住をするかどうかの決定には、いろいろな要素が絡んできます。

輸送費　先ほど説明したように、輸送費が安くなればそれだけ自由土地農民の労働収益が増えます。するとヨーロッパの小作農よりも自由土地農民の労働収益が多くなるため、より高い労働収益を求めて農民が海外に移住してしまいます。海外に農民が移住しないようにするためには、ヨーロッパの地主は地代を下げて小作農が同じ労働収益を見込めるようにしなければなりません。もちろん輸送費が高くなれば逆のことが起こります。シルビオ・ゲゼルはここで端的に、**「自由土地農民の輸送経費は地主の収入なのだ」**（第一部第四章）と書き残しています。

関税　また、関税もここでは輸送費と同じような効果をもたらします。関税は一般的に外国に住む生産者（たとえばカナダからドイツに小麦を輸出する場合、カナダ在住の農民）が負担すると考えられていますが、実際にはそうではなく、その小麦を買うドイツ人が支払うものなのです。この関税により自由土地農民の労働収益が下がり、そのぶんだけ地主が小作料を上げることができ、結局は地主が得をすることになります。

しかし、あまり関税が高すぎる場合、自由土地農民が多い国で工業を起こして、ドイツで作っている家具や文房具などをカナダで生産しようという話になります。こうして、それまで輸入していた商品がカナダ国内で手に入るようになると、当然のことながらカナダに移住した農民の労働収益も増え、それに合わせてドイツの地主も最終的には地代を下げて、農民の労働収益も増やさなければばならなくなります。

母国と移住先のさまざまな社会状況　とは言っても、労働収益だけで農民は簡単に移住するわけではありません。故郷の文化や地元の友人・知人などは移住先にはないものなので、やはり慣れ親しんだ地元に住み続けようと考える人も少なくありません。もちろん移住先のほうが過ごしやすい気候で経済も安定しているなどの状況がある場合には、移住地のほうが魅力的になりますが、このようにお金では換算できないさまざまな要素も、移住の決断には関係してきます。

資本金利　新しい土地で開拓を行う場合、十分な開拓資金を持っていなければ、当然ながらその資金を借りなければなりません。そして借りたお金には、当然利子をつけて返さなければなりません。このため、新しい農地の開拓が難しくなっています。金利が当時標準の五パーセントから一パーセントに下がれば、サハラ砂漠の灌漑やオランダ近海の干拓といった事業も経済的に成り立つようになり、新しい農地を開けるようになるかもしれないとシルビオ・ゲゼルは主張しています。この他、船や鉄道で小麦を輸送する場合、船会社や鉄道会社は事業を始める際に借りたお金の金利を支払っているため、仮に金利がなければ輸送費も下がるだろうと予測しています。このため、ドイツの小作農から地代を徴収する地主にとっては、資本金利が上がればそれだけ有利になるわけです。

とはいえ、このような自由土地で農業をする人の労働収益が、小作農や都市の工場労働者などの給料を決める基準になることは確かです。自由土地農民の労働収益と比べて小作農や工場労働者の給料が安い場合、労働者は「そんなに給料が安いんだったらどこか適当な自由土地で農業をしよう」と思うようになり、その結果小作農や工場労働者がどんどん自由土地に入植してゆきます。そうなると、農場や工場の経営者は労働者不足に悩むことになり、給料を上げることで労働者を引きとめなければならなくなります。また、逆に自由土地農民の労働収益が下がれば、小作農や工場労働者への給料をその水準まで引き下げても、労働者は自由土地に逃げようとはしなくなるわけです。

自由土地が大切な理由

ここまでに、自由土地によってそこの農民のみならず、小作農や工場労働者までがどのような影響を受けるかについて見てきました。ところで、なぜ自由土地が大切なのでしょうか。シルビオ・ゲゼルは、一九一七年にチューリヒで行った「自由土地・平和の根本条件」という講演で、その必要性を明らかにしています。なお、この講演は『自然的経済秩序』の第二部の冒頭に収録されています。

この講演ではシルビオ・ゲゼルは、まず国際平和のみならず国内平和の大切さも力説しています。一部の資本家が豊かになる一方で多くの庶民が酷使させられるような国では、労働者と資本家の間に深刻な対立が起きますが、多くの国ではこのような状況が発生した場合に外国に責任をなすりつけ、外国をも巻き込んだ戦争に悪化してしまうわけです。

具体的に説明しましょう。たとえば、シルビオ・ゲゼルの死後にナチス・ドイツがポーランドやオランダなど周辺諸国に次々に攻め込んでは占領していった理由は、一九二九年に始まった大恐慌によって庶民の生活水準が大幅に下がったため、この庶民の不満をそらすのが目的でした。実際、戦争に勝つと一般庶民は大喜びし、国内での貧困問題などは忘れ去られてしまう一方、戦争が起きると兵器や弾薬、軍服や食料などさまざまな商品の需要が増えるので、特に企業家にとっては儲けるチャンスが増えるのです。

また、国際紛争のもう一つの理由として、資源ナショナリズムがあることも忘れてはなりません。シルビオ・ゲゼルが生きていた時代には資源ナショナリズムという用語は使われていませんでしたが、たとえば石油が世界でも一ヶ国でしか産出しなかった場合（実際には違いますが）、この国が「日本はうちの国と問題ばかり起こしているので、日本には石油は売りません」と言ったとすると、日本では誰も石油が使えなくなってしまいます。資源を持っている国が資源を持っていない国に対して高圧的になれるような今の社会制度を、シルビオ・ゲゼルは問題視していたのです。

天然資源をめぐる争いは往々にして戦争に結びつきます。たとえば独仏国境地帯は石炭や鉄鉱石の産地として有名ですが、工業化を進めていた一九世紀から二十世紀にかけてのドイツやフランスは、この資源の所有権をめぐって何度も戦争を行いました。特に第二次世界大戦（一九三九〜

一九四五）は両国のみならず周辺諸国も巻き込んだ大きな戦争となり、お互いに国力を使い果たす事態になってしまいました。ですので、戦争に懲りた両国がこの地域の資源を共同管理して、戦争をしなくてもよくなるようにするために欧州石炭鉄鋼共同体が設立され、それが長い歴史の間に今の欧州連合（ＥＵ）に発展していったのです。

しかし、同じことが国内でもあてはまらないでしょうか。たとえば何名かの大地主が国内の農地のほとんどを独占している場合、普通の人たちは自由農民となることはできず、地主から土地を借りた小作農として高い地代を地主に払わなければなりません。このような状況になると、当然のことながら土地をめぐって国内で争いが頻発します。ですので、やはり土地についても誰かが独占することのないような仕組みを作らなければなりません

土地の国有化と競争入札制度

そこでシルビオ・ゲゼルが思いついたのが、土地の国有化です。シルビオ・ゲゼルは、土地を国有化した上で競争入札を行い、最高額の地代を約束した人にその土地を貸すようにした上で、その地代は子育て中の女性が母親年金としてもらえるようにして、男性の経済力に頼らなくても女性が一人で子育てをできるようにしようと提案しました。ここではまず、土地の国有化や競争入札の実

現方法やそれによる効果を見たあとで、母親年金の方法や意義などについて検討してゆくことにしましょう。

シルビオ・ゲゼルは、全国の土地の国有化を提案しました。この提案は一見無茶なもののように思えるかもしれませんが、シルビオ・ゲゼルは具体的な実践方法も同時に提案しています。

全国の私有地を国有化するには莫大な額のお金が必要ですが、一度国有化してしまえば先ほど紹介した競争入札を通じて全国の土地を貸し付けることで、莫大な地代収入を得ることができます。ですので、国有化で一見多額の借金を抱えるように見えても、この借金はそのうち返せるものなのです。

土地の国有化の場合には政府は莫大な国債を発行しなければならず、この国債には当然のことながら金利をつけて返さなければなりません。そしてこの金利の利率こそが、土地の値段を決める決定的な要素になるのです。

たとえば、毎年五百万円の地代収入が入る土地があったと仮定しましょう。この土地の地主は、毎年五百万円の収入さえあれば、その収入源が土地だろうが国債だろうが気にしません。そこで、毎年五百万円の金利を手に入れるためには、いくら銀行に預ける必要があるか考えてみましょう。金利が年率五パーセントの場合には、銀行の預金額×五パーセント＝五百万円ですから、当然五百万円÷五パーセント＝一億円の預金が銀行にあれば、毎年五百万円を手に入れることができます。ですので、この預金額に相当する、具体的には利率が五パーセントなら一億円の国債を発行して、地主に渡すのです。

すると、どのようなことが起きるでしょうか。とりあえず政府による土地入札の落札価格も以前の地代と同じ年間五百万円だったとすると、政府は毎年五百万円をこの土地の地代として受け取り、その五百万円をそっくりそのまま以前の地主に渡します。国債の額面価格＝借金の元金は一円も返せていませんが、同時に毎年発生する金利を全て地主に払っているので、借金が増えることもありません。こうして、借金を抱えながらも政府は何とか財政収支を均衡させることができるようになります。国債発行総額が一千万円だろうが一億円だろうが百兆円だろうが、気にすることはないのです。

また、自由貨幣を同時に導入すると、当然のことながら利率が下がります。これにより、たとえば金利が五パーセントから三パーセントに下がると、一億円の国債につく金利は年間五百万円から三百万円に減ります。すると金利だけでなく元金も二百万円減ることになります。地代が以前の年間五百万円のままであれば、当然のことながら政府は二百万円余分に借金を返すことになり、これにより元金が減ります。翌年この国債につく金利は、九八〇〇万円の三パーセントで二九四万円と六万円減るため、地代が五〇〇万円のままだと二〇六万円を元金の返済に充てることができます。こうして加速度的に元金が減ってゆき、二十年以内に元金を含めて政府は借金を完済できるようになるとシルビオ・ゲゼルは主張したのです。なお、この方法については、『自然的経済秩序』第二部第二章で詳しく紹介されています。

こうやって国有化された土地は入札にかけられ、最高価格の地代を払うと約束した人に貸し出されることになります。すでにこの当時のドイツでは、似たような形で運営されている国営農場が数多くあったので、シルビオ・ゲゼルは全国レベルで同じシステムを導入しても問題ないと考えたのです。この場合に、農民が生涯にわたってこの土地で耕作する権利を認めるかわりに、この場所での農業をやめる場合にはきちんと肥料をまいて土地を肥沃にした上で返すようにという条件をつけることで、農民が持続可能な農業を行うようになるというわけです。

また、今の私有土地制度では地主が反対すると道路や鉄道や運河などの建設が滞ってしまいますが、国が全国の土地全てを管理するようになればこの問題は発生しません。また、害虫が発生した場合に各地主が自分のことしか考えないと、最終的にみんなが損をするような事態が発生することもあります。シルビオ・ゲゼルは、アルゼンチンの小麦地帯でバッタが大発生したときに、地主がお互いに自分の畑から隣の畑にバッタを押し付け合ったために、結局バッタを根絶するどころかその被害拡大を許してしまい、三年間小麦が全く収穫できなくなったエピソードを紹介して、このような事態を防ぐためには各地主に駆除を任せるのではなく、政府が土地を国有化するようにすればよいと考えたのです。

また、鉱山の場合には農地と違って肥料をまく必要がないため、より管理が楽です。企業だろうが労働者による協同組合だろうが、最高額の賃貸料を払うと宣言したところにその鉱山がリースされます。具体的な鉱山の運営方法についてはさまざまな場合があり、それについてはここでは詳しくは説明しませんが、基本的に採掘された鉱業資源は国が買い取る仕組みにすることで、天然資源が確実に社会に流通するしくみをシルビオ・ゲゼルは目指したのです。

大都市の住宅地や商業地などについては、問題がかなり複雑になることをシルビオ・ゲビルも認めています。さまざまな理由により各都市は盛衰を繰り返しており、今は活気のある都市が五十年後や百年後も今と同じような賑わいを見せているという保証はどこにもありません。また、大都市では工場やオフィス、住宅などを建設する必要がありますが、借地の期限が切れた場合にその土地に建てられた工場や住宅などをどう処理するかという問題が残ります。このためシルビオ・ゲゼルは都市の各地区で政府がモデル住宅を建設して賃貸経営を行い、その家賃を基準として政府が貸す土地の家賃も制定することを提案しています。

さて、このように土地が国有化されると、どのような効果が現れるでしょうか。シルビオ・ゲゼルは以下のように考えました。当然のことながら地主がいなくなるので、地主が政治に介入してくることがなくなります。となると、今まで地主の意見を代弁していた政治家がいなくなり、主に地主の利益を守るために存在していた小麦の輸入関税も当然のことながらなくなるというのです。

また、このような地主に反対する政治家もいなくなり、地代をめぐる争いから政治が解放され、より自由主義的な社会になると、シルビオ・ゲゼルは考えました。そのような利害がなくなったら政治は進化し、利害の対立を調整する場ではなくなります。失業問題や軍事、経済政策や教育、道路整備や医療など幅広い問題を政治家は取り扱う必要がありますが、今までのように各政治家が全ての問題を取り扱うのではなく、それぞれの分野で専門家が議論してその専門知識に基づいた政策を実施すればよいと考えたのです。

さらに、この土地の入札によって農民が土地に縛られることなく、国内外を自由に移動できるようになることで社会に流動性が生まれ、誰もがより自由な生活を送れるようになります。もちろん希望すれば生まれ故郷でずっと生活を送ることもできますが、何らかの理由で出身地が肌に合わなければ別の土地に移動することができるのです。そして世界のさまざまな国が自由土地を導入して、自国民だろうが外国人だろうが関係なく入札できるようになれば、土地をめぐる国際紛争もなくなると主張します。そして国際交流がますます促進され、国境や民族を超えた友情が深まるだろうとシルビオ・ゲゼルは結論づけています。

母親年金

そして、このようにして土地を国有化し、政府が毎年莫大な額の地代を手に入れるようになった場合には、この地代を子育て中の母親に年金として手渡すべきだとシルビオ・ゲゼルは提案しています。

今の経済では地代が存在していますが、そもそもなぜ地代を取れるのでしょうか。シルビオ・ゲゼルは、**「母親が地代に必要な人口密度をそもそも作り出す以上、結局地代が母親のサービスと認識できる」**（第二部第四章）と書き残しています。ちょっとわかりにくいと思いますので、説明したいと思います。

たとえば、ある田んぼの地代について考えてみましょう。お米十トンのうち四トンが地代として消え、残りの六トンを小作農は売って労働収益を得るわけですが、この六トンは最終的にはご飯やお餅やビーフンなどの形で誰かの口に入ることになります。ということは、消費者がいてはじめてそのお米は価値が出るわけで、極論をすれば無人島を開拓して広い田んぼを作っても、その無人島からお米を輸出することが禁じられている場合、お米の生産をいくら行っても無意味なのです。

ところで、その消費者はひとりでに現れるものではありません。どんな人間でも母親のお腹から生まれてくるわけですから、先ほど説明した六トンのお米が売れるのは、母親が子どもを産み育ててくれているおかげなのです。

これは何もお米など食料品に限りません。たとえば、大都市でアパートを経営している大家さんが家賃収入で食べていけるのは、当然のことながらそのアパートに住んでいる借家人のおかげですが、その借家人も母親のお腹から生まれた存在です。同じように、たとえば油田から採掘される原油でお金儲けができるのも、その原油から作った灯油やガソリンを、暖房用あるいは自家用車の燃料として使ってくれる消費者がいるからですが、その消費者も母親のお腹から生まれています。こうやって考えると、どんな商品でも、それを買ってくれるのは母親が生み出した子どもなのです。

そして、人口が多ければ多いほど、その商品に対する需要も高まります。たとえば、一人あたりお米を年間百キロ消費する場合、人口が一万人の街では消費量は年間一千トンですが、人口が百万人の大都市では年間十万トン、そして人口が一億人の国では年間一千万トンになるのです。そしてお米の値段があくまでも需要と供給のバランスで決まる以上、母親がたくさん子どもを産んで人口が増えれば増えるほど、それに合わせてお米の需要も増え、当然のことながらお米の値段＝労働生産高も上がります。そしてそのお米の値段の一部が地代になるわけですから、母親が子どもを産んでくれたおかげで地代が成立すると言えるのです。

そこでシルビオ・ゲゼルは、画期的な提案をしました。お米や原油を買ってくれたり、アパートを借りてくれたりする人がいるのは母親が子育てをしてくれたおかげである以上、今まで地代として地主が分捕ってきたお金をこれからは母親年金として分配して、経済的心配をすることなしに母親が子育てに専念できるようにしようというのです。

当時の世界では女性の給料は非常に少ないものでしたから、今以上に結婚相手である夫の経済力に依存して生活していました。ですので、女性は自分の生活の安定のために、愛している男性よりも経済力のある男性との結婚を望むようになります。しかし、たとえば事業を営んでいる男性が経営に失敗して破産したり、交通事故に遭って突然死んだりした場合、それまでの安定した生活はズタズタに引き裂かれてしまい、残された女性と子どもは文字通り路頭に迷うことになってしまいます。そのような悲劇が起きないようにするためには、やはり子育て中の女性に対しては年金という形で政府がきちんと生活の面倒を見るべきだ、とシルビオ・ゲゼルは主張したのです。

このように書くと、いかにもシルビオ・ゲゼルが女性にやさしい紳士であるかのように思われる読者の方も多いと思いますが、実はシルビオ・ゲゼルがこのような提案をしたのには、別の事情もあります。シルビオ・ゲゼルは奥さんの他にもいろいろな女性と関係を持ち、その結果数多くの子どもに恵まれましたが、当然のことながらこれらの子どもを育てるには養育費がかなりかかります。仮にこの母親年金がドイツやアルゼンチンで実施されていれば、シルビオ・ゲゼルはこの養育費を払わなくても済んだことでしょう。そういう意味では、女性関係が賑やかだったシルビオ・ゲゼルは、自分自身にとって都合のいい経済理論として母親年金を提案したとも言えるのです。

しかしながら、この提案は男性にとっても非常にありがたいものです。特に経済が発達するにつれ、子どもに良質の生活環境や教育を提供するにはかなりのお金が必要になってきますが、男性といえどもそうそう簡単にはそれだけのお金を稼ぎ出すことはできません。しかし、今までの経済では子育て費用は基本的に男性が稼ぎ出すものと考えられてきましたから、結婚して父親になりたければ、それに見合うだけの収入を稼ぐ必要が出てきます。

また、いくら自分で努力していても、自営業の場合には破産したり、勤め人の場合には勤め先の会社から首を切られたり、あるいは勤め先が倒産したりすることで収入がなくなってしまう可能性は否定できません。また、万一事故や病気などで若くして死んでしまっても、残された家族は経済的に困ることなく育児をすることができます。母親年金は何も母親や浮気性の男だけのものではないのです。

このように、経済的な心配をすることなく女性が子育てに専念できる環境ができるようになると、男女関係も様変わりします。女性は出産後の生活が保障されることになりますから、男性の経済力を気にせずに男性と関係を持つことができるようになります。もちろん女性の中には豪勢な生活にあこがれて金持ちの男性を好む人もいるでしょうが、母親年金制度が導入されれば安心して子育てに専念できるということで、女性はむしろ本当に魅力的で心から愛する男性と関係を持って、その男性の子どもを宿すようになります。女性が男性に経済的に従属した上で子どもを持つのではなく、経済的に自立した女性が自分の意思で子どもを持つことができるようになるのです。

マルクスとシルビオ・ゲゼルの違い

このように、土地の国有化や母親年金のような思想を紹介すると、シルビオ・ゲゼルもマルクスと同じように社会主義を目指していたように思う人が少なくありませんが、実際にはシルビオ・ゲゼルはマルクスとは異なる経済理論を打ち立てていました。それについて、少しご紹介したいと思います。

マルクスもシルビオ・ゲゼルも、経営者や資本家に有利で労働者がこき使われている当時の経済システムに批判的だった点では意見が一致しています。しかし、マルクスはこの解決策として、労働者によるストライキから始まる社会主義革命を提案しています。ストライキを起こすことで生産活動を中断すれば当然のことながら会社は立ち行かなくなります。そうして企業が弱ったところで労働者による政権を樹立して、企業を国有化すれば問題は解決すると考えたのです。

それに対し、シルビオ・ゲゼルはフランスの社会主義者プルードンと同じように、逆に労働者が仕事をすることで資本家を弱体化させられると考えました。たとえば建築労働者が一生懸命仕事をして、需要を上回る数の住宅が建設されれば、当然のことながら需要と供給の法則に従って住宅価格は下がります。シルビオ・ゲゼルは『自然的経済秩序』の中で、住宅が余っていたために一時期のアルゼンチンでは家賃なしで家を借りることができた状況を説明していますが、こういう状況では大家さんは家賃収入で生活できなくなります。また、食料生産が増えれば食料が安く手に入るようになり、それだけ農園主の収入も減ることになるわけです。

また、第一章で説明した「剰余価値」についても、シルビオ・ゲゼルは批判的です。詳細は第四章の「ロビンソン・クルーソー物語」で説明しますが、場合によっては資本家ではなく労働者のほうが搾取していることもあります。そう考えると、資本家を単純に悪者にしているマルクスの見方は一面的であると言えます。マルクスは剰余価値は常にプラスになり、言い換えれば資本家側が得をする剰余価値しか存在しないと考えましたが、シルビオ・ゲゼルはプルードンを引用してマイナスの剰余価値、つまり労働者側が得をする剰余価値も存在すると考えたわけです。たとえば労働生産としての付加価値は月十五万円しかなくても月二十万円の給料を労働者がもらっている場合、資本家に対してマイナス五万円の剰余価値が発生しているといえるわけです。マルクスは剰余価値は常にプラスになるという考え方から、資本家を倒すことを目指しましたが、シルビオ・ゲゼルは剰余価値がマイナスになる場合もあり得るという観点から、むしろそのような状況を作り出すにはどうすればよいかという研究をしたわけです。

しかし、自由土地だけでは、金利や経済危機、それに失業の問題を解決することはできません。これらの問題を解決するためには土地制度ではなく、お金そのものについて再検討を行った上で、通貨制度を改良する必要があるのです。第三章では、私たちが何気なく日常生活で使っているお金がどのような仕組みになっているのか、またそれにより具体的にどのような問題がどのようにして発生しているのかについて、詳しく見てゆきたいと思います。

第三章　現在の通貨制度とその問題

第二章では自由土地や母親年金とその重要性について見てきましたが、当然のことながらシルビオ・ゲゼルが理想とする社会を作り上げるためには、これだけでは不十分です。私たちが毎日の生活で使っているお金の制度によって金利や経済危機、そして失業などの問題が生まれている以上、この問題に取り組まなければなりません。

第一章でも書いたように、シルビオ・ゲゼルはアルゼンチンで、実業家として物価の上下変動やそれに伴う経済混乱、さらには失業の発生を肌で感じました。このことから理論よりも前に実体験で、どのようにして物価が変動するかだけでなく、物価が変動することで経済にどのような影響が出るかについても理解しており、机上の理論ではなく実際のデータから物価についての議論を行うことができるようになったのです。

この章では、日頃私たちがあまりにも当たり前に使っているお金が、実際にはどのような仕組みで機能しているか、またそのお金によって、私たちの社会がどのような問題を抱えているのかについて、ご紹介したいと思います。

お金の三大機能とその特権

お金を使って私たちは商品やサービスの取引を行います。農家であれば自分の農園で作ったお米や野菜を売り、バスの運転手であれば決められた通りのダイヤでバスを運転し、レストランや本屋の従業員であれば決められた時間に接客を行うことでお金を稼ぎ、このお金で生活に必要な食料や服を買ったり、電気代やガソリン代や電車代などを支払ったりします。

もし仮にお金がなければ、私たちの社会はどうなっていたことでしょうか。たとえばコメ農家が魚を欲しいと思った場合、漁師にお米を直接渡さなければなりません。その漁師がお米を受け取ってくれればそれでよいのですが、しかし漁師がお米ではなく、ジャガイモや小麦や牛乳がほしいと言った場合には、この取引は成り立ちません。その漁師が希望するものを持ってこなければ魚は手に入らないため、このコメ農家はその漁師が必要なジャガイモや小麦や牛乳を探して来なければなりません。

しかし、お金という何でも交換可能な中間物を使うことで、私たちはその不便さを解消することができます。たとえば先ほどのコメ農家は、ジャガイモや小麦など漁師が直接欲しがっているものを持っていなくても、お金があればその魚を買うことができます。これにより、私たちは物々交換の不便さを克服することができます。お金があるおかげで、たとえばガソリンスタンドのオーナーや電力会社、八百屋さんや学習塾の先生が何を必要としているかを考えなくても、ガソリンや電気、キュウリを手に入れたり、子どもを塾に通わせたりすることができるのです。これを、お金の交換機能といいます。

また、このようにお金を使うことで、分業が可能となります。分業のない社会では基本的に誰もが自給自足をするしかありませんが、分業をすることでそれぞれの人がそれぞれの分野に専念することができるようになり、当然のことながら生産性が上がります。日本語には専門家に任せたほうがいいという意味の「餅は餅屋」ということわざがありますが、各個人がお米も作り、魚も釣り、牛も飼って、靴や服なども自分で作ったりするよりも、コメ農家はコメだけを、靴屋さんは靴だけを作るほうが高い生産性になり、社会全体の生活水準が上がります。そして、実際に分業が発達することで、人類は生活水準を上げてきたのです。シルビオ・ゲゼルは分業の重要性を、『自然的経済秩序』の中で何回も力説しています。また、そのため**「誰もが自分の生産物を売る必要がある」**（第三部第二章）とも説明しています。

当然のことながら、このように分業が進むと、自分のためではなく他の人に消費してもらうために生産活動を行うようになります。たとえば靴屋さんは毎日靴を作っていますが、その靴のうちほとんどは自分ではなく他の人が履くものです。同じようにコメ農家が生産するお米も、そのうちの一部は自家消費用でしょうが、大部分は他の人に食べてもらうためのものです。そして、当然のことながら自家消費が目的ではない商品については、それを売ってお金を手に入れてから、自分の本当に欲しいものを手に入れる必要があるわけです。

また、私たちがなぜこのように分業を行い、お金を使って取引をするかといえば、分業を通じて自分が作ることのできない商品やサービスを受けるためです。これにより私たちはテレビや自転車や電子レンジなど、どうやっても自分の手では自給自足できないようなものも手に入れて、高いレベルの生活を送ることができるようになっているのです。

さて、このようにお金を使って取引する場合に、たとえばお米が一キロ五百円である場合には、五百円玉一枚とお米一キロは同じ価値ということになります。また、この五百円で焼魚弁当を買うことができる場合、そのお弁当と五百円玉も同じ価値ということになります。このように、お金は価値の尺度という機能も持っています。商品やサービスの価値をお金に換算することで、たとえばお米一キロ、牛乳三リットル、マンガ一冊、焼魚弁当一つなどさまざまなものがそれぞれ五百円であれば、全て同じ価値であることがわかるでしょう。

しかしシルビオ・ゲゼルは、それでもお金を持っている人のほうが実際の経済では有利だということに気がつきました。たとえばお弁当の場合は賞味期限があり、昨日作ったお弁当は腐ってしまって食べられません。そのため、たとえば街中でお弁当百個を売り歩いている人の場合、このお弁当が全部売れれば五万円を手に入れることができますが、その日のうちに一つも売れなければ一円も手に入れることはできません。ですので、五百円で売れなければ四百円や三百円に値下げしてでも、全部売りさばくことが必要となるのです。売れない以上一円にもならなければ、百円でもいいからお金を支払ってくれる人に売ったほうがましなのです。

その一方で、五百円玉を持っている人はいつでも好きな時にお弁当を買うことができます。今日のお昼用にお弁当を買うこともできれば夕食用にすることもでき、もちろん明日や明後日にそのお弁当を買うこともできます。お金を持っている人はお金をいつ使うのか、自由に決めることができるというわけです。

お米の場合、このお弁当ほど急激に価値が下がるわけではありません。しかし長期保存するには温度や湿度をきちんと管理した倉庫が必要となり、当然のことながら管理費用が発生します。お米自体の品質は一昨年のお米も今年収穫したお米もあまり変わらないかもしれませんが、管理費用を差し引くと一昨年のお米を売っても新米ほど儲けることはできません。本やDVDなどの場合には、温度や湿度は管理する必要はないかもしれませんが、それでも倉庫を管理する人の人件費や費用がかかります。

しかし、お金の場合、このような管理費用はかかりません。タンス預金をしている場合、百万円を何年間タンスの中に入れておいても、その価値は変わることはありません。このため、お金は貯蓄手段としての機能も持つことになります。

さらに、当面使わないお金を銀行に預けた場合、保管費用を取られるどころか、お金を預けたままにしておくと逆に金利がつきます。たとえば利率が三パーセントの場合、一万円を銀行に一年間預けておくと三百円もらえるのです。

このようなことから、同じ価値（たとえば五万円）のモノでも、お弁当やお米や本などの商品を持っている人と、現金を持っている人では、全然立場が違うわけです。先ほど説明したように、商品を持っている人の場合にはその商品をできるだけ早く売りさばいてしまう必要がありますが、お金は手元にずっと置いておいても価値が減らないどころか、銀行に預けておくとむしろ価値が増えてゆきます。このため、お金を持っていると、商品を持っているよりも非常に有利な立場に立つことができるわけです。

しかし、ここで根本的な矛盾があることがわかります。お金が交換手段として流通し、AさんからBさん、BさんからCさんの手に渡り続けている場合には、誰もこのお金を貯蓄手段としては使うことができません。また逆に誰もがお金をしまい込んで貯蓄手段として使っている場合、お金が全然流通しなくなってしまいます。交換手段としてのお金と、貯蓄手段としてのお金は両立しないのです。シルビオ・ゲゼルは**「交換手段と貯蓄手段との実行力のある完全な分離を私は要求する」**（第三部第十三章）と主張しています。

この場合、交換手段としての機能と貯蓄手段としての機能のどちらを優先させるべきなのでしょうか。先ほども説明しましたように、人類の進歩に欠かせない分業を推進する道具が交換手段としてのお金である以上、交換手段としてのお金を優先する必要があります。そして、お金が誰かの手元にとどまるのではなく、ずっと流通し続けるようにすることで、経済の流れをスムーズにするだけではなく、お金の流通量＝供給量を安定しようとシルビオ・ゲゼルは提案したのです。

これはどういうことでしょうか。つまり、お金が流通せずに誰かの手元にとどまり、たとえばタンス預金されている場合には、このお金は実際の経済活動に使われていないのと同じことですから、供給されていないと考えてもかまいません。しかし、たとえば全員がタンス預金を下ろして一気にお金を使おうとした場合、一時的にお金の供給が増えてしまいインフレが起きてしまいます。また、デフレが起こってしまうとみんなお金を貯め込んでしまうので、お金の供給が大幅に減ることになります。

これを防ぐには、お金を持ち続けている人が何らかの形で罰を受けるようなシステムを作り上げることが大切です。こうすることで、お金の流通が保障されてお金の実質上の供給量が安定するようになります。

価値と価格について――金本位制や銀本位制の正当性を疑う

またシルビオ・ゲゼルは、当時は常識だった金本位制や銀本位制についても、本質的な疑問を投げかけています。

金（きん）や銀はヨーロッパではるか古代ギリシア時代からお金として使われ続けており、たとえば古代ローマの遺跡から金貨十グラムが発見された場合、これはシルビオ・ゲゼルが生きていた二十世紀初めの金貨十グラムと同じ価値を持つことになります（実際には古代ローマの金貨は骨董品としての価値もあるので、それ以上の価値を持つことになりますが）。しかし、当時の人たちは金貨や銀貨を毎日の生活の中でごく一般的に使う一方で、金（きん）や銀がお金として使われていることを当然視し、あえて疑うことはありませんでした。

　金本位制や銀本位制が採用された理由としては、金（きん）や銀に価値特性と呼ばれる特性があったからだとされています。言い換えると、金（きん）や銀にはお金としての価値が含まれているので、その価値を担保として商取引が行われると、金本位制論者や銀本位制論者は主張します。

　しかし、たとえばプロシア（ドイツの前身）では銀本位制が廃止されても、お金がそのまま流通し続けましたし、第一章で私が説明したように、一九七一年にそれまでの金本位制（ブレトン・ウッズ体制）が崩壊しても、米ドルや日本円など世界各国の通貨はそのまま流通し続けました。ということは、金（きん）や銀が担保されていようがなかろうがお金は流通し続けるわけで、金（きん）や銀にお金としての価値が内在しているという金本位制論者や銀本位制論者の議論は説得力がないものとなります。

　さらに、紙幣には金（きん）や銀のような内的価値がないと非難する人たちに対して、シルビオ・ゲゼルは**「ピアノを焚き木として、蒸気機関車を鋳鉄《ちゅうてつ》として、紙幣を布切れとして使用することは**

ない。ではなぜ紙幣の場合、その素材であるパルプしか話題にしないのか。どうして交換手段として扱わないのか」（第三部第四章）と反論します。確かにピアノの価値はそのピアノを作っている木材や弦などの材料の価値を単純に合計したものではありませんが、なぜお金の場合にだけその内的価値が問題になるのか、と問いかけているのです。また、紙幣は破れていようが汚れていようが広く流通し、経済を動かす道具になるという点で、サッカー選手にとってのサッカーボールのようなものとも述べています。

このような理由から、シルビオ・ゲゼルは『自然的経済秩序』の中で、「全ての犯罪の元凶である金（きん）を追放したリュクルゴスを讃えよ」という、古代ギリシアの数学者ピタゴラスのことばを繰り返し引用しているのです（第三部冒頭、第三部第十六章「金（きん）と平和？」）。

では、なぜ金（きん）や銀のような担保なしでもお金は流通するのでしょうか。ここでシルビオ・ゲゼルは、この当時に各国でどのような形で紙幣が発行されていたかについて、以下のように研究しています。

どこの国でもお金は中央銀行（日本の場合は日本銀行、米国の場合は連邦準備制度、ヨーロッパの多くの国では欧州中央銀行など）が発行していますが、発行の際に中央銀行はある条件を課します。つまり、たとえば百万円を借りた場合には、元金の百万円だけではなく利子（年率三パーセントで一年後にお金を返す場合には三万円）も返さないといけないという義務が発生するのです。

このため、中央銀行からお金を借りた都市銀行や信用金庫など、そしてその銀行や信用金庫などからお金を借りた会社や個人は、その借金を利子つきで返す必要があります。お金を返す義務がある人たちは必死になって商品を売ったり仕事をしたりしてお金を稼がなければならず、他の人からの紙幣での支払いを受け入れます。この紙幣が金（きん）や銀と交換可能であろうがそうでなかろうが、これは変わることのない真実であり、お金を稼ぐ必要がある以上誰もがお金を求めるようになると言っています。

なお、地域通貨の推進者の中でシルビオ・ゲゼルについて言及する人が多くいますが、シルビオ・ゲゼル自身は地域通貨には反対の立場でした。彼は**「お金の製造の自由の完全排除は、交換道具の本質に関わる問題だ。お金の製造やその様式が自由化されたら、多様性のためにお金が本来果たすべき目的を達成できなくなってしまう。誰もが自分の製造物をお金と主張すると、物々交換の時代に逆戻りしてしまう」**（第三部第一章）と書き残しています。つまり物々交換の不便から脱却して分業を促進するためには、あくまでも政府が通貨を一元管理すべきであって、一般市民が好き勝手に自主通貨を作って流通させたら問題が起きると考えていたのです（シルビオ・ゲゼルのこの指摘については、第六章でも再び取り上げます）。シルビオ・ゲゼルは、お金が流通する理由について、以下のようにまとめています（第三部第四章）。

1　分業が大きなメリットをもたらすため

2　分業により、交換対象としてのみ生産者にとって有用である商品が生産されるため
3　商品の交換が、分業がある程度発達した段階で、交換手段なしでは不可能になるため
4　その性質上、交換道具は社会あるいは政府のお金としてのみ存在できるため
5　国家は紙幣以外のお金を作らないと信じられているため
6　商品の所有者は全て、政府が出した紙幣を自分の生産物と交換に受け取るか、分業を諦めるかという選択に立たされるため、そして
7　紙幣の所有者は、それをただでは手渡さず、困窮した商品の所有者がその商品を紙幣に対して提供しなければならないため

商品価格の決定方法と需要について

しかし、それではどのようにしてモノの値段＝価格が決まるのでしょうか。シルビオ・ゲゼルは、それはあくまでも市況だと言います。つまり、需要があるのに供給がなければ値段は高くなる一方で、需要はそれほどないのに供給がたくさんある場合には値下がりするわけです。

とは言っても、それはそれぞれの商品ごとの話であって、物価全体となると話は別です。インフレ（物価上昇）になると金貸しが損する一方でお金を借りた人が有利になり、逆にデフレ（物価下落）

になると金貸しが儲かる一方でお金を借りた人が借金苦に苦しむことになります。このように物価が不安定だと損得が発生するので、物価の安定は何よりも大切だとシルビオ・ゲゼルは主張しています。『自然的経済秩序』の中で彼は、物価の測定方法について詳細に説明しています（第三部第七章）。

また、デフレの場合にはさらに深刻な問題を抱えています。デフレの場合にはモノの値段が下がり続けることになるため、今すぐに必要ではないものの買い物を手控えるようになります。たとえば、今日買うと一台百二十万円の自動車が、来月まで待てば百万円にまで値下がりする場合、よほど今すぐにこの車が必要な人でない限り、来月まで買い控えることになるでしょう。するとデフレがさらに進み、景気がさらに冷え込むことになります。

また、経済の世界では需要という単語をひんぱんに使いますが、この需要がしょっちゅう必要性と混同されることについても、シルビオ・ゲゼルは言及しています。彼はお金の「必要性」とお金の「需要」、また商品の「必要性」と商品の「需要」を区別する大切さについても論じています（第三部第八章）。ちょっと詳しく見てみることにしましょう。

まず、お金の「需要」とお金の「必要性」の違いについて説明しましょう。お金の「需要」は、**「交換手段が必要で、交換手段すなわちお金のおかげで取引が行われる分業により、商品が市場に持ち込まれる場所」**（第三部第八章）で顕著になるとされています。つまり、商品の売り手のみにお金の「需要」が発生するわけです。それに対してお金の「必要性」については、物乞いや政府、商人など、ありとあらゆる人間や組織が感じています。物乞いは毎日食いつないでゆくために、政府は国債という借金を返すために、また商人は店を広げるためにお金を必要としているわけですが、物乞いや政府はお金のかわりに提供する商品を持たず、商人は店舗拡張の資金を銀行から借りるだけで、別に商品を銀行に売るわけではありませんから、お金に対する「需要」はないわけです。

また、商品の「必要性」と商品の「需要」についてもシルビオ・ゲゼルは、**「多くの『必要者』が商品の必要性を感じているが、商品に対してお金を提供する人のみに商品の需要がある。商品の必要性は物乞いや請願書などで、商品の需要は商品棚に積み上げられたターで表現される」**（同章）と書き残しています。

これはどういうことでしょうか。たとえば、人口三十万人の都市であれば、この三十万人全員がご飯を食べたり雨露がしのげる住宅に住んだりしたいという「必要性」は感じています。しかし、この三十万人の中には、食事を買ったり家賃を支払ったりするためのお金を持っていない人がいます。誰もお金を持っていない人に食料を売ったり家を貸したりすることはありませんから、一文無しの人は経済でいうところの「需要」は持っていないことになりますし、そういう人は自分の必要性を満たすために物乞いをしたり、あるいは市役所に請願書を出したりして生活を立て直そうとするのです。こうして、ある商品やサービスへの「必要性」を感じている人の中で、十分なお金を持っている人だけが「需要」を持っていると言うことができるのです。

話が長くなりましたが、お金の需要は商品の供給と、また逆に商品の需要はお金の供給と同じことであると考えてかまいません。このように、需要と供給についてきちんと概念整理を行うことで、経済の仕組みがわかりやすくなるのです。そして、商品を供給してお金の需要を満たそうとする人と、逆にお金を供給して商品の需要を満たそうとする人との間で、価格が決められてゆくわけです。

このように考えると、お金の供給が足りない場合に、デフレ（物価下落）が起こることは容易に想像がつきます。市場に提供されるお金が不十分な場合には、お金の需要者＝商品の供給者は値段を下げざるを得なくなります。物価が下がり続けた場合、待てば待つほど安くモノが買えることになりますから、先ほど説明したように消費者はさらに買い控え、余計物価が下がり続けます。これにより儲けが出なくなると、商店のみならず工場や農場も相次いで倒産するようになり、恐慌になってしまうのです。

また、逆にお金が供給され過ぎている場合には、当然のことながらインフレ（物価上昇）が起こります。この場合には商品の値段が上がり続けるため、お金を持っている人は安いうちにできるだけ多くの商品を買ってしまおうとします。すると商品の需要＝お金の供給がさらに増えるため、これによりインフレが加速してしまいます。その一方で、商品を売る側はできるだけ遅く売ったほうが利益が出るので、売り惜しみを始めます。こうして際限なくインフレが進んでゆくわけです。

また、金本位制や銀本位制の場合には、これがさらに深刻な問題を生むことになります。経済が発展してみんながお金持ちになると、その中から金（きん）のネックレスや指輪、または時計などを買おうと思う人が出てきます。すると金貨として使われていた金（きん）が溶解されてネックレスなどに加工され、そのぶんだけお金としての金（きん）の流通量が減ってしまうことになります。するとお金が足りなくなり、デフレが起きて先ほど説明したような不況になってしまいます（第三部第十一章）。

そして、インフレとデフレで説明したお金の需要と供給は、商品を売る人だけではなく事業を始めるためにお金を借りる必要＝お金の需要を持つ人とお金を持つ人との間の関係でも発生すると説明しています。事業を始めるにあたってはお金を借りる必要がありますが、経済が発展して事業を起こしてもあまり利益が出なくなると、お金を貸す人が減って景気がさらに悪くなります（同章）。

このため、金本位制の廃止だけではなく、経済の発展が緩やかになって利益があまり出なくなっても新規事業への投資が続くような通貨制度の構築が必要となり、その解決策として第四章で詳しく紹介する減価する貨幣が効果的に機能するわけです。

商品の流通速度とお金の流通速度の違い

また、シルビオ・ゲゼルは流通速度という視点から、普通の商品とお金との間に違いがあることを発見しています（第三部第九章〜第十一章）。

先ほども話しましたように、商品はあくまでもお金との交換を目的として生産されます。そして、消費されればそれだけ商品の供給が減る一方で、新しい商品が生産されればそれだけ商品の供給が増えます。たとえば小麦を一万トン持っている人の場合、この人の商品の供給＝お金の需要は小麦一万トンですが、この人が一年間に小麦を八千トン売ってしまったら、商品の供給量は当然のことながら二千トンにまで減ってしまいます。しかし、翌年九千トンの小麦が入れば、供給量が一万一千トンに増えることになります。

商品の供給量を増やすには、いろいろな方法があります。たとえば労働者数の増加、機械の導入や技術革新などによる生産性の向上、また鉱山などでは鉄道など輸送インフラの改善などが挙げられます。しかし、あくまでも実際に存在する小麦やお米や鉄などの量以上に増やすことはできません。あくまでも実体経済で取引可能な量が商品の供給量の最大限ですから、その供給量を増やすには生産を増やすしかないのです。

その一方で、お金は基本的に消費されることはありません。たとえば牛乳なら、酪農家が生産した牛乳はそのままパック詰めされたり、あるいはチーズやバター、ヨーグルトなどに加工されたりしますが、食べたり飲んだりしたらその時点でなくなってしまいます。しかし、千円札の場合には誰も消費することなく、ピカピカの新札もボロボロになった旧札も基本的に同じ価値のまま流通し続けます。その意味では、新しくお金を流通させる必要は特にないと言えるでしょう。

では、お金の需要や供給についてはどうでしょうか。お金の需要については、直接バーター取引が可能な場合には減ることになります。たとえば白ワインを主に扱っている酒屋と赤ワインを主に扱っている酒屋の間でお互いのワインを交換する場合には、当然のことながらお金の需要は発生しません。なお、これについては、第五章の「ヴィア銀行」でより詳しくご紹介したいと思います。

また、商品の供給とお金の供給は、先ほどもご説明したように対等な立場にあるわけではありません。シルビオ・ゲゼル自身も、**「従来のお金の性質のおかげで、直接の被害を蒙《こうむ》ることなく需要（つまりお金の供給）が翌日、翌週、翌年に持ち越せるのに対し、（商品の）供給側は所有者に諸々の出費を発生させずに一日たりとも在庫を抱えることはできない」**（第三部第十一章）と書き残していますが、商品を持っている人は商品を持っておくとそれだけ在庫管理などの費用がかかって損をしますが、お金を持っている人はそういう損害を受けることはありません。

このため、お金を持っている人は、そのお金を手放す時期を決める自由を持っています。手元に一万円札を一枚持っている人であれば、この一万円札を今すぐ使ってしまうこともできますし、明日に取っておくこともできますし、もちろん五年後までそのままにしておくこともできます。しかし、その間当然のことながらお金の流通は滞ることになります。商品を持っている人が必死になって自分の商品を売ろうとする一方で、お金を持っている人は自分が欲しい商品が現れるまでそのまま待ち続けることができるわけです。シルビオ・ゲゼルはここで、**「金（きん）は市場（商品の交換）を開くカギではなく、市場を閉じる錠前である」**というプルードンのことばを引用していますが、金（きん）ではなく紙幣でも同じことが言えるのです。

このような性質上、お金を持っている人はお金を必要としている人に対して、金利や手数料などを取ることができます。お金が必要な人はすぐにお金を手に入れる必要があるのに対し、お金を持っている人はそのお金を貯め込んでおいても全然問題がないので、お金が必要な人に対してそういう形で手数料を徴収できるのです。シルビオ・ゲゼルは、これについて**「市場が商品を交換する道なら、お金は通行料の支払いでのみ持ち上げられる遮断棒《しゃだんぼう》である」**（第三部第十一章）と説明しています。

もちろん、このようにお金の所有者がお金の流通をわざと中断させることができるのは、お金がずっと価値を失わないという特性があるからです。仮に金（きん）や紙幣ではなく、お茶や家畜などがお金だったら、お金を持っている人もこのような強い態度に出ることはできなかったでしょう。仮にお茶がお金だった場合、ずっとしまい込んでおくと他の商品と同じように価値が下がってしまうため、できるだけ早く他の人に渡して価値の下落を避ける必要があったことでしょう。

実は、ここに自由貨幣へのヒントが隠されています。詳細については第四章で詳しく取り扱いますが、手元に持ち続けていたら価値が減ってゆくものがお金として使われていた場合、お金を持っている人が有利な状況はなくなります。第四章で詳しくご説明する自由貨幣は、このようにして着想されたものなのです。

金本位制が戦争に結びつくわけ

また、シルビオ・ゲゼルは一九一六年四月二八日にスイスの首都ベルンで「金（きん）と平和？」という題名の講演会を行っており、ここで通貨制度と戦争との関係を分析しています。

言うまでもありませんが、当時は第一次世界大戦の真っただ中でした。永世中立国であるスイスは中立を貫き、また連合国（イギリス、フランス、イタリアなど）や同盟国（ドイツ、オーストリア＝ハンガリーなど）から侵略を受けることはありませんでしたが、当然のことながら連合国・同盟国の両方と国境を接し文化的にも経済的にもつながりの強いスイスにとっても、この戦争は他人事ではありませんでした。このような時期にこの講演が行われたことについては、意識しておく必要があるでしょう。

まず、シルビオ・ゲゼルは、好戦的な論陣を張る人に対し、「戦争党員」という表現を用います。この中には、宗教家や野心家なども含まれていますが、一番数が多いのは経済危機の打開策として戦争をとらえる人たちであるといいます。そして、経済政策としての戦争を主張する人たちの支援を受けて、宗教家や野心家などが開戦論を主張するようになり、実際の戦争につながってしまうわけです。ということは、逆に言えば経済さえうまく行っていれば、戦争を防ぐことができるようになります。

第一章でも説明しましたように、当時はまだヨーロッパ諸国が世界各地に植民地を持っており、またその間での勢力争いも続いていました。実際、第一次世界大戦自体もそのような戦争のうちの一つで、この戦争に負けたドイツはアフリカなどの植民地を失うことになった一方、新しい植民地や利権を獲得したイギリスや日本などはそれらをもとにさらに経済発展を進めてゆくことになったのです。

シルビオ・ゲゼルは、まず物々交換状態から脱出し、分業を通じて文明が発展するようになったのはお金という交換手段が生まれたからであり、その点では交換手段としての金（きん）にはそれなりに歴史的役割があったと説きます。しかし、経済が発展するようになると、その活動を仲介するお金もより多く必要になり、そのためには金（きん）が発見・採掘され続ける必要があります。金（きん）の採掘が滞ると経済活動も停滞し、金（きん）が採掘されなくなると経済も衰退してしまうのです。少なくとも、バビロニアや古代ローマなどの歴史がこれを証明しています。

ヨーロッパは中世の長い眠りを経たあとで、ルネッサンスにより復活しますが、その理由は合金通貨の流通であった、とシルビオ・ゲゼルは語ります。つまり、金（きん）が不足している以上、合金を作ることでその金属不足を補って通貨流通量を確保したことにより、ルネッサンスの繁栄が生まれたというわけです。また、この時期は同時にスペインやポルトガルがアメリカ大陸に植民地を広げていた時代とも重なりますが、これにより金（きん）や銀がヨーロッパにもたらされ、経済が活性化したのです。

しかし、ここでの問題は、世界経済の盛衰が金（きん）や銀の発掘に委ねられてしまうことです。金（きん）や銀が発見されている間は世界経済が好調でも、発掘されなくなるとお金の流通量が減り、先ほど説明したようにデフレが起きてしまい、倒産が続出してしまうことになります。シルビオ・ゲゼルは、このような点を問題視したのです。

また、金（きん）はずっと手元に置いていても価値が減ることはありませんので、貯蓄手段としても広く使われています。そしてこの金（きん）を再流通させるようにするためには、先ほども説明したように金利の支払いが条件となります。交換手段と貯蓄手段と言う、そもそも両立するはずのない機能を私たちのお金は担わされているわけです。

しかし、これにより金（きん）が基盤となったお金を貸して儲ける人と、あくせく働いたお金から元金のみならず金利もつけて返す必要に追われている人に社会が分断し、階層化が進んでしまいました。このような問題が金（きん）の性質から来ている以上、お金として金（きん）を使うのは自由な社会づくりのためにはならないとシルビオ・ゲゼルは考えました。そのため、古代ギリシアでこの点を見抜き、「全ての犯罪の元凶である金（きん）を追放したリュクルゴスを讃えよ」と発言したピタゴラスのことばが引用されているのです。

さらに、シルビオ・ゲゼルはこれが国内の戦争（資産家と労働者との対立）のみならず、国際紛争にもつながるとしています。当時はこのように各国が金本位制を採用していましたので、金（きん）をたくさん持っている国がより多くお金を発行することができました。このため、どこの国も輸出を促進する一方で、輸入品には高い関税をかけて金（きん）が国外に流出しないように、また国内に流入するようにしていましたが、この金（きん）をめぐる争いこそが、まさにこの講演が行われている最中に行われていた第一次世界大戦だったというのです。

シルビオ・ゲゼルはこの講演ではこの他にも、関税や土地の問題についても説明しています。これについては第二章で詳しく説明したのでここでは繰り返しませんが、関税を廃止して自由貿易を推進し、自由土地を推進して誰でも世界の好きな土地に移住できるような社会をシルビオ・ゲゼルは提案していました。そして、さらに通貨制度についても具体的な改革案を示すのですが、それは第四章でご紹介することにしましょう。

なぜ資本家が金利を手に入れられるのか

また、シルビオ・ゲゼルは、そもそも資本家がお金を貸すことで金利を手に入れられる現状を疑問視しました。この点では『資本論』を書いたカール・マルクスも同じだったのですが、シルビオ・ゲゼルはカール・マルクスとは違い、搾取の構造ではなく通貨制度を分析し、カール・マルクスとは違う結論に達したのです。シルビオ・ゲゼルは『自然的経済秩序』の第三部の冒頭で、**「資本金利（貸付金の金利や、資本財（現実資本）の金利収入）は従来のお金の創作物、あるいは副産物」**であると定義した上で、この第三部の中で資本金利が生まれる理由について説明しています。

減価する貨幣（自由貨幣）で「お金の特権を廃止」しよう

お金の問題点はそのお金が持っている特権にあることがわかりました。となると、その特権を廃絶できれば問題が解決できるわけですが、具体的にはどうすれば廃絶できるでしょうか。

商品側が価値を減らないようにすることができれば、この問題を解決することができるでしょう。しかし、少なくとも今の科学技術では、どんなに頑張ってもお弁当を長い間腐らせずに保存することはできませんし、お米も管理費がかからない形で保存することはできません。

そこでシルビオ・ゲゼルは、面白い発想をしました。商品が少しずつ価値を失うことが避けられないのであれば、お金も同じように手元に持ち続けていると少しずつ損をするようにしようというわけです。第四章では、「自由貨幣」あるいは「減価する貨幣」と呼ばれる、このようなお金がなぜ必要なのか、そしてどのような効果を持つのかについて、詳しく見ることにしましょう。

第四章　減価する貨幣とは何か

第三章では、通貨制度のしくみについてさまざまな側面から見てきました。交換手段と貯蓄手段という、相反する役割を同じお金が担っていることによる矛盾や、当時多くの国が採用していた金本位制や銀本位制の問題点、また物価が決まるしくみについてなどです。ここでは、シルビオ・ゲゼルが提唱した「減価する貨幣」について、具体的に見てゆくことにしましょう。

ロビンソン・クルーソー物語

といいたいところですが、その前に減価する貨幣の考え方をわかりやすく説明したたとえ話が『自然的経済秩序』の中で紹介されていますので、この内容についてご紹介したいと思います。

ロビンソン・クルーソーという物語は、ご存じの方も少なくないことでしょう。航海中に遭難して、無人島にたった一人流れ着いたロビンソン・クルーソーが、救助されるまで二九年間もの間、この島で生活を送り続けるようすを描いた小説です。途中でフライデーという名前の部下と生活することになりますが、シルビオ・ゲゼルはこの内容を独自にアレンジして、このような話を書いたのです。

ロビンソン・クルーソーは、島での生活を改善し、川から畑まで水を引くために運河を作ろうとしました。しかし、その運河を作るには三年間働き続ける必要があり、またその間は食料を作ることができないため、その三年間の間に必要な小麦や肉や服などを保存用にせっせと準備していたのです。

そのとき、別の遭難者がこの島にたどり着きました。この別の遭難者は島の別の部分を開拓する予定だが、収穫できるまでの間その小麦などを貸してほしいとせがみます。この島で長年過ごしてそれなりの生活基盤を作り上げていたロビンソン・クルーソーは、この新米遭難者の窮状につけこんで利益を得ようとします。具体的にいうと、この人に利子つきで小麦や肉や服などを貸そうと考えたのです。たとえば、小麦百キロを貸す代わりに一二〇キロを返してくれという条件をつけようと目論んだのです。

しかし、その考えは見事に打ち砕かれてしまいます。この遭難者は、利子なしで小麦などを貸してくれるよう要求します。そして、利子なしでもロビンソン・クルーソーは十分に得をすると主張したのです。これはどういうことでしょうか。

まず、この遭難者は服の状態について尋ねます。これから三年間、運河作りの仕事に集中する予定だったロビンソン・クルーソーには、当然のことながら服の手入れをする時間はありません。彼は鹿の皮で作った服を木製のタンスの中に入れていたのですが、換気状態の悪いこのタンスの中で服はパリパリに硬くなってしまいます。また、遅かれ早かれこのタンスにはネズミが入り込み、ロビンソン・クルーソーが一生懸命作った服を食い荒らしてしまうことになります。

しかし、この服を遭難者に貸せば、遭難者はきちんと手入れをしてこの服を着ます。また、服を返してほしい時には遭難者に伝えれば、鹿狩りをして新しい服をいつでも仕立てることができます。わざわざ自ら手間暇かけて保管・管理しなくても新しい服がいつでも好きなときに返してもらえるため、この遭難者に服を貸し与えたほうがロビンソン・クルーソー自身にとっても得になるわけです。このような遭難者の説明に納得したロビンソン・クルーソーは、自分用に作っていた服を利子なしで貸し与えることに同意しました。

また、この遭難者は小麦についても、同じように話を進めます。三年間農業をする時間がないと見積もったロビンロン・クルーソーは小麦を土の中に埋めていたのですが、これでは小麦はすぐにダメになってしまうと遭難者は語り、風通しのよい乾燥した小屋を作ってその中に小麦を保存した上で、三週間ごとにシャベルで小麦をひっくり返すことを提案します。また、ネズミに食い荒らされないようにするために、ネコを飼ったりネズミ捕り用のワナをしかけたりする必要についても説きます。

しかし、運河の建設に忙しいためにロビンソン・クルーソーには、このように小麦の保存のために割く時間はないと答えます。するとこの遭難者は先ほどの服のときと同じように、この小麦を彼に貸してくれればいつでも新しい小麦を返すと約束します。ロビンソン・クルーソーとしては、この遭難者に小麦を貸すことでいつでも新鮮な小麦を手に入れることができるため、願ったりかなったりになります。同じように鋤や鍬などの農具についてもこの遭難者は、必要なときにいつでも新品を返すという条件により、無利子で借りることに成功しました。

このようにして、利子なしで服や小麦や農具などを貸し与えることのメリットを認識したロビンソン・クルーソーは、むしろ小麦を借りてくれたお礼に、小麦を十袋借りても八袋返してくれればいいと自ら条件を引き下げます。しかし遭難者は、それはそれで「マイナスの利子」にあたり、貸し手ではなく借り手が資本家になってしまうとしてこの条件提示には応じず、一旦小麦十袋を返した上で、そのうち二袋を賃金として彼に払うよう、ロビンソン・クルーソーに頼み込みます。ロビンソン・クルーソーとしては、別に利息という形でも賃金という形でも違いはないので、この新しい条件に応じます。

こうして、いささか変わった形でロビンソン・クルーソーと遭難者との間に賃貸契約が成立することになりましたが、この条件の成立後にロビンソン・クルーソーは、どうして彼が生まれ育ったイギリスでは、財産を持っている人が金利を取ることができたのだろうかと考え始めます。それに対し遭難者は、商品の取引を仲介しているお金こそが、金利を生む原因になっていると説明します。

この説明を聞いて、ロビンソン・クルーソーはびっくり仰天してしまいます。そして、マルクスの『資本論』を引用して、労働力こそが金利の源泉だと言い張ります。たとえば二千円で仕入れた服を三千円で売る商店は差し引き千円ぶんの剰余価値を生み出しており、この剰余価値の一部が金利という形で資本家に奪われているというのです。しかし遭難者は、資本家とその資本を必要とする人との関係こそが金利の有無を決定すると主張します。ここではロビンソン・クルーソーが服や小麦などという、時間が経つにつれ価値が減ってゆく商品を資本としたため、資本家のほうが不利になり金利を取れなくなったというわけなのです。

これについて、ちょっと解説することにしましょう。マルクスの考えでは、たとえば材料費二千円の服を三万円のスーツに仕立て上げる人は、差し引き二万八千円の剰余価値を生み出したと考えられます。しかし、そのスーツの仕立て工場を経営している人がそのスーツの仕立て人に半分の一万四千円しか支払わなかった場合、残りの一万四千円は工場の経営者の手に残ってしまいます。マルクスは、このように経営者が剰余価値の一部を横取りしてしまうことを搾取と呼び、この搾取が起こらないような社会づくりを提唱したのです。

しかし、実際の経済では必ずしも経営者だけが搾取を行っているわけではありません。たとえば、先ほどのスーツが値崩れを起こし、一万円まで値下がりしてしまった場合を考えてみましょう。スーツの仕立屋の手間賃が一万四千円のままの場合、材料費二千円と合計するとスーツを一着作るのに一万六千円かかることになりますから、一着作ると六千円の赤字になってしまいます。この場合、工場主ではなくむしろ従業員であるスーツの仕立て人のほうが搾取していると言えるのです。

また、ここでの問題は資産家が何を財産として持っているかによって、資産家とその資産家から借りようとしている人の力関係が変わってしまうというわけです。ロビンソン・クルーソーの場合には、時間がたつにつれ価値が下がってしまう小麦を資産として持っていたため、遭難者に無利子で貸し出さざるを得なくなりました。しかし、この資産家が金（きん）やお金を持っていた場合、腐ったりして価値が減るものではないため、遭難者や事業家などに貸し出す場合に利子を取り立てることができてしまうのです。

ロビンソン・クルーソーはさらに、お金を単なる商品の交換手段とみなした上で、あくまでも労働者が生み出した余剰価値の一部を横取りしている現状を問題視するマルクスのことばを引用して質問を続けますが、これに対して遭難者は、マルクスがお金について誤解していたために経済全体を見誤ったという考え方を示します。銀行家は手元にお金を持っていても損をしないので、気分次第でお金の流通を止めることができますが、できるだけ早く商品を売りさばく必要のある普通の商人は、流通を止めることはできません。この点でそもそもお金は普通の商品とは違うわけです。

自由貨幣の実践方法

シルビオ・ゲゼルは、第四部第一章で自由貨幣の導入方法について、具体的に説明しています。この章では、その方法のご紹介から始めることにいたしましょう。

シルビオ・ゲゼルは、交換手段としてのお金の有益性について強調したあとで、お金による商品取引が絶え間なく行われる必要がある一方、当時主流だった金貨はあくまでもそのお金の所有者の都合だけで作られたもので、そのお金を必要とする人たちのことが考慮されていないことを批判します。確かに財産として貯蔵するには金（きん）は都合のよいものですが、これによってお金が交換手段としては使われなくなり、経済が停滞してしまいます。このような理由によりシルビオ・ゲゼルは、**「お金を交換手段として改良するためには、商品同様お金を劣化させなければならない」**（第四部第一章）と主張しています。

また、新聞やジャガイモ、鉄やアルコールなど全てのものは、時間が経つにつれ価値が減ってゆきます。このため、商品の提供者はできるだけ早く商品を売りさばく必要があるわけですが、それならお金の所有者もできるだけ早くそのお金を使ってしまう必要があるようにしてしまおう、というわけです。この点でシルビオ・ゲゼルは、**「お金の所有者の特権を排除し、供給が生来持っているものと同じだけの強制力に需要も従うべきことを理解できれば、従来のお金の本質にあった矛盾を余すことなく解決し、政治的・経済的・あるいは自然的なできごとと完全に関係なく、規則的に需要が市場に現れる状態を達成できる」**（同章）と語っています。

ところで、具体的にはどのようにすればよいのでしょうか。シルビオ・ゲゼルは、以下のようなお札の発行と流通を提案しています。以下、わかりやすいように日本円に置き換えて話を進めることにしましょう。

紙幣としては、百円、五百円、千円、五千円、一万円そして十万円札が発行されますが、このお札の裏面は、基本的にスタンプを貼るスペースになっています。このため、たとえば一万円札の場合には毎週決められた曜日になるとそのお札に額面十円のスタンプを、また千円札の場合には額面一円のスタンプを貼らなければなりません。また、百円札の場合には、年五回決められた日になると額面一円のスタンプを貼る必要があります。五百円札についてはシルビオ・ゲゼルは『自然的経済秩序』の中では何も書いていませんが、おそらく二週間に一回決められた日に額面一円のスタンプを貼ることになったはずです。

この他に、十円や一円のスタンプを百円分まとめたスタンプシートも発行されます。このスタンプシートは百円札として流通すると同時に、このスタンプシートからスタンプを切り取ってお札の裏面にスタンプを貼ることもできます。

もちろん、たとえばタンス預金などの形で長い間スタンプを貼らないままにしていた人は、そのぶんスタンプを貼る必要があります。たとえば半年間このお札をそのままにしていた人は、二六週間分のスタンプを貼らないといけないわけです。また、年末になるとスタンプを貼る場所がなくなり、全て新しいお札と取りかえられることになります。

また、当然のことながらこのスタンプ代として国内でのお金の流通量のうち五パーセントが消えてしまうことになるので、毎年この五パーセントを補充する必要が出てきます。流通しているお金のうち五パーセントがスタンプ代として政府の収入になる一方で、それだけ通貨流通量が減るわけですから、政府は財政支出を通じてお金を再供給する必要があるわけです。ちなみに、現在の日本ではお札やコインなどの形で七十兆円以上のお金が流通していますから、このお金が仮に全て減価するお金に入れ替わった場合、毎年三・五兆円以上ものお金が政府の財政に加わることになります。また、第六章で詳述するように、実際に流通している紙幣だけでなく、銀行の普通預金も減価の対象にした場合、年間二五兆円もの収入増になります。日本政府の年間予算が八九兆円であることを考えると、政府の財政を立て直す上でもこの減価する貨幣の実施は非常に魅力的であると言えるでしょう。なお、この詳細については第六章で取り扱います。

なお、現在では電子マネーが急速に使われるようになっていますが、電子マネーではこの自由貨幣、あるいは減価するお金の考え方がより簡単に実現できるようになります（第五章「電子マネーと減価する貨幣」を参照）。また、実際の私たちの生活では、現金以外のお金も幅広く使われていることから、このようなお金も減価の対象にする必要があるでしょう（第六章「通貨管理局の限界――信用取引と金融取引、信用創造と減価する貨幣」を参照）。

そして、第四部第三章では、政府がどのように通貨流通量を調整するかについて説明されています。もちろんこの方法では、毎年五パーセントずつ流通しているお金の量が減ってゆくため、何もしないとデフレになってしまいます。これを防ぐために政府は、物価が特に下がり気味のときには支出を増やし、逆に物価が上がり気味のときには支出を抑えることで物価を安定させるというわけです。

減価する貨幣による効果

さて、このように手元に置いたままにしてゆくと少しずつ持ち越し手数料を取られるお金を導入すると、どのような効果が起こるでしょうか。シルビオ・ゲゼルは、以下のようなことを予想しています。

需要の規則化　今の経済ではお金を手元に置いておいても損をしないため、特に物価が下がり気味のときは購買意欲が薄れ、その結果商品の需要＝お金の供給（第三章で説明したとおり）が減ってしまいますが、減価するお金の場合には手元にずっとお金を持っていても何の役にも立たないので、できるだけ早く使ってしまう必要に迫られます。これによって、現金がタンス預金されることなく流通し続ける社会ができるというわけです。

経済危機の克服　お金が流通し続けるようになると、当然のことながら景気停滞がなくなります。これにより、経済危機のない社会を作ることができるというわけです。実際、地域通貨として流通した減価する貨幣のおかげで、経済危機を克服した例が歴史上存在します（第五章「オーストリア・ヴェルグルの『労働証明書』」参照）。

資本金利の消滅　このようなお金が流通するようになると、お金の借り手と貸し手の立場も逆転します。タンス預金していても価値が減らないお金が流通している現在は、お金を貸すほうが金利という手数料を要求することができますが、手元に置いておくとお金の価値が少しずつ減ってゆくようになった場合、この条件が根本的に変わることになります。ロビンソン・クルーソーが無利子で小麦を貸さざるを得なくなったのと同じように、百万円をタンス預金して毎年五万円ずつ失ってゆくぐらいなら、金利なしでもいいからとにかくお金を借りてくれる人に借りてほしいと思うようになる人が続出することでしょう。

物価の安定　政府の通貨管理局が物価の変動動向を調べた上で、物価が下がり気味の場合には政府の歳出を増やすことで、逆に物価が上がり気味の場合には歳出を抑えることで、物価を安定させられるようになります。

交換手段と貯蓄手段の分離　今のお金の問題として、交換手段かつ貯蓄手段という相反する機能を同時に担わされている点があることについては前に書いた通りですが、減価する貨幣の場合には貯蓄手段としては使えず、ただひたすら交換手段として流通を続けてゆくことから、交換手段と貯蓄手段の機能を分けることができます。具体的には、保存食品や電化製品、ノートや鉛筆などある程度長持ちする商品が貯蓄手段として使われることになります。また、商品を買う代わりに他の人や会社などに無利子でお金を貸し付けることも一般化することでしょう。

資本家の撲滅　このように金利がなくなることから当然、他の人にお金を貸し付けては金利を取り立てて生活していた資本家がいなくなります。シェークスピアの『ヴェニスの商人』に登場するシャイロックやドストエフスキーの『罪と罰』で主人公ラスコーリニコフに殺された金貸しの老婆のような人たちが、いなくなってしまうのです。

減価する貨幣が導入されたら——シミュレーション

さらにシルビオ・ゲゼルは、実際に減価する貨幣が流通するようになったらどのように社会が変わるかについて予想し、その内容を紹介しています。もちろん職業によってその効果はさまざまですので、シルビオ・ゲゼルはそれぞれの人ごとに異なったシナリオを予想しています。

1　商人の場合

当然のことながら、商品が飛ぶように売れるようになるため、減価する貨幣のメリットを大きく受けるようになります。また、昔は代金をあとで支払う掛け売りや、商品のバラ売りが少なくなかったのですが、今では誰もができるだけ早くお金を使おうとするので、まとめ売りやその場での現金決済が増えるという変化も起こるようになります。

とはいえ、これで小売業者が大繁盛するかというと、そうではありません。競争が激しくなったため、昔と比べて商品あたりの利益率が大幅に下がり、この利益率に耐えられない人は閉店に追い込まれてゆきます。小売業の激変に耐えられず廃業を余儀なくされた人たち、特に高齢の商店主に対しては、年金などの形で政府が生活を保障することが必要になるでしょう。

また、お金が少しずつ減価してゆくことから、誰もがお金をすぐに使う必要性に迫られ、その結果あまり商品にケチをつけなくなるようになります。昔であれば何かと難癖をつけてお金を出し渋ったような人たちが、減価を嫌がってお金をできるだけ早く使うようになります。このおかげでお金が絶えず流通し、運転資金不足の心配がなくなったのです。

商人の立場では、減価が進めば進むほどその減価を嫌う人たちがお金をすぐに使おうとするので、減価率は高ければ高いほどよいのです。シルビオ・ゲゼルは、「お金が嫌われれば嫌われるほど、商品やその製造者は大切にされ、取引も簡単になる。お金が労働者や彼らが生産したものよりも価値のあるものでなくなって初めて、労働者への配慮が行われる」という商人の声を紹介しています。

また、この商人は「前払いでは債務者には商品や労働という、直接自分の手中にあるものの引渡しの義務が生じる。後払いでは債務者にはお金という、間接的にしか手に入れられないものの引渡しの義務が生じる。お金が先行し商品が後に続く場合、両者にとってもメリットがあり確実なものとなる」とも語り、後払いではなく前払いが一般化することにより、運転資金の流れがスムーズになり誰もが得するようになったと考えているのです。このメリットに比べれば、減価費用として商人の手元から消えてゆく額は取るに足らないわけです。

2 銀行員

銀行員は、減価する貨幣で仕事量が大幅に減りました。昔はさまざまな人が銀行に持ってくる小切手の決済業務に追われていましたが、減価する貨幣によりお金が現金として絶えず市中を流通し、銀行に預けられなくなったため仕事がヒマになりました。

ここで銀行員は、銀行（Bank）という単語の語源について話を始めます。もともと英語の bank やドイツ語の Bank という単語はベンチ（英 bench、独 Bank）が語源で、銀行家が自分の事務所のベンチに座って預金者の来店を待っていたという歴史に由来するものですが、減価する貨幣のおかげで今やお金ではなく商品の持ち主のほうがベンチに座って、お金を払ってくれる人を待ち受けるようになったと語ります。

減価する貨幣が導入されると、誰も手形や小切手を使って代金の支払いを引き延ばしたりお金を貯めたりしなくなるため、銀行の出番が急激に減ります。小切手の事務処理をしていた銀行員にとっては商売あがったり状態と言えますが、これにより経済全体が活性化するのであればそちらのほうを重要視すべきだと考えているわけです。

3　輸出業者

外国に商品を売る商人は、景気後退により各国で保護貿易の流れが進み、関税率が上がるようになると商売が立ち行かなくなります。当時の金本位制は、金（きん）という世界どこでも同じ価値のものを基盤として通貨を発行することにより、世界各国の間での貿易を推進しようというものでしたが、実際には貿易はそれほど増えていませんでした。いくら金本位制といっても、ドイツではマルクが、フランスではフランが、英国ではポンドが、そしてスペインではペセタが使われていたため、最終的にはマルクやフランなど各国の通貨で計算しなければならない以上、金本位制にはあまり意味がなかったわけです。

さらに、各国での物価の違いも考える必要があります。たとえば、月給二十万円で家賃が八万円の国と、月給五万円で家賃が一万円の国であれば、家賃だけで言えば月給二十万円の国よりも月給五万円の国のほうが高い生活水準を送ることができると言えます（ここではとりあえず、家賃だけに話を単純化しています）。

このような状況の中では、金本位制では金（きん）の流出がそのままその国の通貨供給量の減少につながるため、どこの国も金本位制を採用すると、次に保護貿易に走って自国から金（きん）がなくならないような政策を取るようになります。そうなると貿易はお金で代金を支払う輸出入ではなく、商品と商品とを交換する物々交換となります。

しかし、金（きん）と完全に無関係なお金を使うようになると、そのような心配がなくなります。減価する貨幣の導入に伴い、先ほど紹介した通貨管理局が物価を安定させるようになると、他の国もこの制度を真似て、物価を安定させようとします。そして最終的には世界通貨局を創設して、世界中の国々が協力して物価を安定させることができるようになれば、為替リスクを恐れることなく商売ができるようになる、と輸出業者は考えているのです。

4　企業家

企業家にとっては、売上の安定が何よりも望ましいことです。売上が急増すると当然会社の仕事が増えて人が足りなくなり、逆に売上が急減すると人余りになってしまいますが、そのたびにいちいち人を雇ったりクビにしたりするわけにもいきません。ですので、ある月だけたくさん売れるよりも、毎月同じように売れ続けることが望ましいわけです。

この点で、自由貨幣は理想的な働きを実現したと言えます。自由貨幣は停滞せずに安定して流通するお金ですが、これはとりもなおさずに商品が安定して売れ続けることを指します。企業が作った製品は、長く保管しておくと倉庫の保管費用がかかったり、破損や流行の変化などで商品価値が下がったりするため、できるだけ早く売りさばく必要がありますが、手元に置いておくと価値が減っていく自由貨幣が導入されたことで、お金も商品と同じ立場に立たされるようになり、当然のことながら商品の流通が進んだわけです。

また、通貨管理局は物価の安定も行うため、これによりデフレの場合に商品価格が下がって赤字になるリスクもなくなります。さらに、誰もがお金よりもモノで価値を保存しようとして、夏でも冬物の服やクリスマスギフトなどが安定して売れ続けるようになったことから、倉庫に大量の在庫を抱え込むこともなくなり、保管費用も節約できるようになったわけです。

5　金貸し

金貸しも、もちろんこの自由貨幣の導入で生活に大きな変化を受けるようになりました。お金の貸し借りは、たとえば傘や本の貸し借りとは違って以前は恥とされており、よほど信頼できる友人以外には頼めないものでした。そして、それゆえに金貸しの商売が成り立っていたのです。

しかし、自由貨幣が導入されたことで、お金はもはや特別なものではなくなりました。むしろ、手元にお金を持ったままにしておくと減価してしまうのに対し、お金を貸すとあとでそのままの額が戻ってくることから、むしろお金を借りてくれたほうが得になるという感覚になります。そのため、友人同士でのお金の貸し借りが一般的に広く行われるようになり、商売としての金貸しは存在意義を失ってしまったと彼は嘆き、質屋も同じ理由で開店休業状態になったと話します。

しかし、金貸しは泣き寝入りしているわけではありません。土地の国有化によって土地を失った地主には政府がちゃんと生活費を出している以上、自由貨幣の導入で商売上がったり状態になった金貸しも政府に対して損害賠償を請求する権利があると主張しています

6　投機家

彼らもまた、金貸しと同じように大きな影響を受けることになります。まず、土地が国有化されたことにより、農地や建物、さらには鉱山などを投機の対象にすることができなくなり、さらに自由貨幣により証券の売買も滞るようになりました。以前は、たとえばある国の政治危機が伝えられると、一斉にその国の証券が売られる一方で、その国の情勢が安定すると証券がまた買われるようになり、そのときの差額で投機家は大儲けをしていたのですが、自由貨幣が導入されると証券をあわてて換金しても減価負担のせいで損するだけになったので、証券の売却により慎重になったのです。投機家は金本位制の時代を懐かしみながら、自由貨幣のせいで従来のビジネスモデルがダメになってしまったと嘆きます。

7　預金者

自由貨幣の導入前には、このようなお金が流通するようになったら誰も銀行にお金を預けなくなるだろうと予測されていましたが、その予想とは違う結果が起きたと預金者は言います。今やタン

ス預金ができなくなったので、逆に誰もが余ったお金を銀行に預けるようになりました。また、誰もが簡単にお金を手にできるようになったので、昔はカツカツの生活だった人も貯金ができるようになり、その結果として金利が下がり始めました。

しかし、この預金者は労働者でもあり、労働者として受けた影響を合わせて考えると、自由貨幣のおかげで得をするようになったと言っています。自由貨幣のおかげで経済が好調になって給料が倍増し、以前は毎年千マルクの給料から百マルクしか貯金できなかったのに対し、今では二千マルクの年収から一一〇〇マルクも貯金できるようになったと語ります。このため、多少金利が下がっても、貯蓄高＝元金がたくさんあることから、より豊かな老後生活を楽しめるようになったわけです。

8　債権者

債権者は、金利が下がったことはもちろん損ですが、それ以上に物価が安定するようになったことが自分にとってメリットになったと語ります。以前のドイツでは金本位制が採用されていましたが、この金本位制がいつ廃止されるかわからなかったため、金（きん）の価値が大幅に下落する潜在的な危険性がありました。また、どこか別の国が金本位制をやめた場合に、その国からドイツに金（きん）が大量に流れ込んでインフレが起きる可能性もありました。しかし、物価が安定している自由貨幣になったため、このような変動のリスクはなくなりました。財産を失うことがなくなったのが、何よりも大きなメリットというわけです。

9　失業保険局

ここまでは、減価する貨幣の導入によりメリットを受ける人たちについて紹介してきましたが、もちろん誰も彼もがバラ色の成果を受けるわけではありません。その一例が失業保険局の職員で、他の人がみんな仕事を手に入れた一方で、彼らだけは失業してしまったと言います。

減価する貨幣になると、お金を持っている人はできるだけ早く別の商品を買おうとします。この結果誰もがお金を使い、お金の流通が促進します。この結果、最終的には社会の全ての人にお金が循環するようになり、失業保険がなくても誰も生活に困らないようになったというわけです。

世界通貨同盟

このような減価する貨幣を各国で発行した上で、シルビオ・ゲゼルは全世界の通貨をどのようにして交換可能にするかについても説明しています。

ここでは、世界通貨同盟という組織を新しく作って、その同盟の加盟国では通貨の単位としてIVAを使うことになります。実際に各国で流通するのは各国ごとに違った紙幣ですが、その運営方法については各国が協調して行うことになります。

しかし、何かの理由で国家間の貿易均衡が崩れ、どこかの国が黒字になる一方で、他の国が赤字になる可能性は否定できません。そのため、世界通貨同盟の事務局が為替券を発行し、赤字になった国はこの為替券を世界通貨同盟から借りて発行することになります。この為替券はIVAと同じ価値を持つものの、世界通貨同盟に加盟している国の間ではどこでも使えるものになりますが、ある国が赤字を垂れ流し続けるとこの借金に金利がつくようになるため、各国としてはお金ができるだけ流出しないような政策を取ることになります。

現実には、この世界通貨同盟をさらに超える試みがすでに実施されています。ヨーロッパでは、二〇〇二年よりユーロという統一通貨が流通を始め、二〇一六年現在でドイツ、フランス、イタリア、スペイン、オランダ、オーストリアなど十九ヶ国で使われていますが、このユーロもある意味で、世界通貨同盟と同じような形で運営されていると言ってかまわないでしょう。ユーロを管理しているのはドイツ・フランクフルトに本店のある欧州中央銀行ですが、ユーロ導入前に各国の中央銀行として機能していた銀行（ドイツ連邦銀行、フランス銀行、イタリア銀行、スペイン銀行、オランダ銀行など）が欧州中央銀行の各国支店のような存在になっています。そして、各国協調のもとでユーロの価値を保っているわけです。

第五章では、このようなシルビオ・ゲゼルの提案に関連して、その後の世界で起きてきたさまざまなできごとについてご紹介したいと思います。

第五章　自由土地や自由貨幣をめぐるその後の動き

第二章から第四章にかけては、シルビオ・ゲゼルがその代表作『自然的経済秩序』でどのような提案をしてきたかについて、詳しく見てきました。この第五章では、シルビオ・ゲゼルの提案に関連して、その後世界各地でどのような取り組みが行われ、実際にどのような成果が出たかについてご紹介したいと思います。

日本の農地改革

シルビオ・ゲゼルが提案した自由土地そのままの形ではありませんが、土地制度の改革が社会にどのような影響を与えるかについては、日本で一九四七年に実施された農地改革が参考になると思いますので、ここでちょっとご紹介したいと思います。

日本は一九四五年八月十五日に無条件降伏して、その後連合国軍最高司令官総司令部（ＧＨＱ）が日本を統治することになりました。ＧＨＱは、日本が軍事独裁体制に二度とならないようにするためにさまざまな改革を行いました。女性参政権の認定、太平洋戦争中に兵器生産などで大儲けした財閥の解体、戦争放棄をうたった新しい日本国憲法の制定などがその一例ですが、この一環として日本の農業も大きな改革を受けることとなります。

日本では戦時中までは、寄生地主と呼ばれる人たちが広い土地を持ち、普通の農民はその地主から土地を借りて、高い小作料を払う生活を余儀なくされていました。特に一九三〇年代には、この状況に加えて不況と冷害がこれら農民を襲いました。この貧しさから逃れるために軍隊に入ったり、娘を売り渡して売春婦として働かせたりした人たちも少なくなかったのです。

しかし、そういう貧しさに喘ぐ生活を送っていた人たちを尻目に、高い小作料を徴収してお金持ちになった地主は、軍事関係の産業にお金を投資することでさらにお金持ちになっていきました。このような経済構造を問題視したＧＨＱは、大地主が持っていた土地を安い値段で強制的に買い上げ、そして安い値段で地元の小作農に売り渡したのです。

もちろん、この改革自体はシルビオ・ゲゼルの提案内容とは大きく違います。シルビオ・ゲゼルは土地を国有化した上で、農民に貸し付けることを提案しましたが、実際にＧＨＱが行ったことは大土地所有制の廃止と小規模自作農の育成でした。しかし、これによって日本社会に大きな変化が訪れることになりました。

この改革によって起こったプラスの効果は、当然のことながら農民が経済的に自立できるようになったことです。それまでは高い小作料を払い、食うや食わずの生活を強いられていた小作農は、小作料を払わなくてもよい生活を送れるようになったため、生活水準が大幅に上がりました。シルビオ・ゲゼルのいうところの「完全労働収益」が達成できるようになったわけです。

しかし、土地が国有化されず、各農民のものになったことにより、別の問題が発生しました。それまでは小作農は搾取されている立場であったため社会変革に積極的でしたが、農地改革によって地主になったため、その土地を守るべく政治的にも保守的になりました。日本の農家は自民党の支持基盤となったため、自民党を通じて保護主義的な農業政策が行われ、結果として日本の農作物は他の国と比べても非常に高いものとなりました。特にお米の場合、二〇一六年九月現在では国際市場では一キロあたり四十円前後で取引されていますが、日本の生産者米価は一キロあたり二百円から二五〇円と、国際価格の五倍から六倍以上もの値段になっており、日本の消費者はこの結果他の国よりも高いコメを買わされる結果になったのです。

ただ、この背景には日本の農家の大部分が小規模農家であるという問題も挙げられます。明治以降に大規模な農場が開拓された北海道を除くと、日本の農家の平均の農地面積は二ヘクタールに満たず、これは米国の百分の一、ドイツやフランスの二十分の一以下です。当然日本の農家はその狭い農地から収穫できる作物を売って生活をしていかなければなりませんから、必然的に農作物の値段は高くなります。

日本の農地改革の功罪はかなり難しい問題で、本格的に議論するとこの本で取り扱える枠組みを大いに超えてしまうことから深入りはしませんが、少なくとも『自然的経済秩序』でシルビオ・ゲゼルが非難している大地主がいなくなり、農民が地主に高い小作料を取られなくてもよくなり生活水準が改善したという点では、シルビオ・ゲゼルが予測した通りになったと言えるでしょう。

フランスの子育て支援策

また、「母親年金」については、世界の多くの国がさまざまな子育て支援策を行っています。たとえば今の日本では、義務教育である小学校や中学校では授業料や教科書は無料です。今の私たちにとってこれは当たり前のことのように思えますが、明治時代には小学校も授業料を取っていました、教科書に至っては無料になったのは一九六三年からです。これにより日本では、お金がなくても子どもに最低限の教育を受けさせることができるようになっているのです。

しかし、世界にはもっと思い切って子育て支援を実施している国もあります。ここでは、先進国がどこでも出生率の低下に悩む中で、出生率がここ数年上がっているフランスの例を紹介したいと思います。

フランスでは、結婚して子どもを産んだあとでも女性が仕事を続けるのが一般的です。そのため、フランス政府は女性が仕事を続けながら無理せずに子育てを続けられる環境を整えています。

日本では高校以上になると授業料を払う必要がありますが、フランスでは高校はおろか、大学も授業料がかかりません。最近の日本では授業料が払えないことを理由に大学や高校を中退する人が出始めていますが、フランスではそういうことは起こり得ないのです。ヨーロッパでは多くの国で国立大学の授業料が無料か、あるいは非常に安い金額（日本円で言えば年間数万円程度）に抑えられていて、親の経済力に関係なく誰でも大学に行きたい人は行けるようになっているのです。

子育て中の女性に対する経済面での支援も、フランスは充実しています。たとえば二十歳未満の子供が四人いる女性の場合には毎月四五三ユーロ（約五万九千円）をもらえ、十四歳以上の子どもについてはこの家族手当が割り増しされます。他にもベビーシッターやお手伝いさんを雇う場合や育児休暇を取ったりする場合も政府から補助金がもらえます。また、出産後に職場に戻る場合、出産前と同じ地位が保障されていますので、出世に響くのではないかと恐れることなく子どもを産めるのです。

さらに、日本と比べてさまざまな面で子育て中の女性に有利な社会制度があることも強調しておく必要があるでしょう。

週三五時間労働　たとえば、これは特に子育て支援と関係あるわけではありませんが、フランスでは労働時間が週三五時間と決められており、日本のようにサービス残業に追われることがないため、仕事が終わったら家庭でゆっくり子育てに勤しむことができます。

大家族カード　また、子どもが三人以上いる場合には「大家族カード」というカードがもらえ、このカードを使うと国鉄の運賃や遊園地の入場料などで割引を受けることができます。

家賃手当　これも特に子育て支援と関係あるわけではありませんが、特に所得が少ない人の場合には有利に働いている制度です。

未婚の母でも問題なし　フランスでは正式に結婚をしないまま、女性が子どもを産み育てることがごく当たり前のことになっていて、有名人の場合でもそのような例が少なくありません。たとえば、二〇〇七年の大統領選に社会党から出馬したセゴレーヌ・ロワイヤルさんは、内縁関係にあった男性（その後大統領となったフランソワ・オランド氏）との間に四人もの子どもをもうけていましたが、正式に結婚をすることはありませんでした。また、サルコジ政権下で法務大臣となったラシダ・ダティさんも、未婚のまま二〇〇九年一月に女の子を出産しました。日本であればこういう場合には、世間体を気にして結婚をする女性が多いことでしょうが、フランスではそういう気を使わずに未婚のままで母親になっても問題なく、またフランス社会でもこのようなケースを問題としないのです。

このように、日本と比べるとはるかに子育てがしやすい環境が整っているフランスでは、合計特殊出生率（女性が一生のうちに産む子どもの数の平均値）が、一九九四年の一・六五から二〇一二年には二・〇〇にまで回復しました。それに対し日本では、出生率は一九七〇年代から下がり続ける一方で、二〇一二年には一・四一まで下がっています。もちろん、そのかわりにフランスでは日本よりも税金が高く、たとえば日本の消費税にあたる付加価値税の税率は二〇パーセント近いものですが、それだけの福祉水準を支えるための必要経費として国民も納得して税金を払っているのです。

経済が発展して生活水準が高くなると、その生活水準を保つために高い教育水準が必要となります。日本では伝統的にどこの親も子どもの教育にお金をかけてきたために、政府が子育て支援をする必要がありませんでしたが、昔のように子どもの養育費を支払えるだけの収入を得ている男性が減ってきた今では、やはりシルビオ・ゲゼルの思想に立ち返り、将来の日本の労働力となる子どもたちを育てている母親に対して、金銭面などできちんと支援をする必要があるのではないでしょうか。

シルビオ・ゲゼル以外による現在の通貨の問題

また、シルビオ・ゲゼルが指摘しなかったそれ以外の問題について、その後の研究で別の問題点が明らかになっています。ここでは、それについても紹介したいと思います。

ドイツの建築家であるマルグリット・ケネディさんは、その主要著書『金利ともインフレとも無縁なお金』で、現在の通貨制度の問題をいくつか明らかにしています。

永遠に続く成長の危険性

まず、経済成長について考えてみましょう。新聞や雑誌、テレビ番組などで政治家や経済学者などが経済についてさまざまな議論を行っていますが、その前提として経済成長は善であり、ずっと経済成長を続けてゆく必要があるという暗黙の了解があるといえるでしょう。「日本経済は十分に成長したから、これからは別に経済成長なんかする必要はない」などと政治家やコメンテーターなどが発言した場合、袋叩きにあうことは避けられないでしょう。

しかし、ひるがえって生物としての私たち自身について考えてみましょう。私たち人間は、子どものときには確かに急激に成長しますが、二十歳を過ぎる頃になると背丈の成長は止まります。たとえば二十歳のときに一六五センチメートルだった人が、三十歳になったら二メートルに成長していた、ということは起きません。人によっては年を取るにつれ体重が増えてゆく場合もありますが、体重が増え続けると肥満により健康面でさまざまな問題が出てくるようになります。量的成長については、どこかで止める必要があるのです。

しかし、経済成長が永遠に続いた場合、指数関数的な増え方をします。指数関数的な増え方といっても あまり生活の上でなじみがない人が多いことでしょうが、一、二、三、四、五……というように足し算ではなく、一、二、四、八、十六……というように倍々ゲームで数が増えてゆくことを指すわけです。たとえば年五パーセントで経済が成長し続けた場合、十五年で経済規模が二倍、三十年後（つまり子どもの世代）には四倍にまで増えることになります。孫の世代には十六倍に、ひ孫の世代には六四倍に、そして五世の孫（ひ孫の孫）の世代（百五十年後）には何と千倍以上にまで経済が成長しないといけない計算になりますが、常識で考えればそんな成長が永遠に続くわけがないことぐらい、誰でもおわかりでしょう。

しかし私たちのお金は、融資された場合にはこのように指数関数的な増え方をします。預金者としては金利は高ければ高いほど嬉しいですが、お金を借りる側としては金利が高ければそれだけ金利負担が増えて大変になります。そして、このように金利負担がネズミ算式に増えると、それだけ破綻の可能性が高まってしまうわけです。

実は、自然界にはこのように指数関数的な成長をするものがあります。その代表例は、ガン細胞です。ガン細胞は小さなうちはあまり問題になりませんが、そのうち体全体を蝕み、ガン患者の命を奪ってゆくことになります。その意味では、私たちの通貨システム自体が経済にとってのガン細胞であり、遅かれ早かれ破綻が避けられないようになっていると言えるでしょう。

貧しい人から金持ちへの富の再分配

また、金利のもう一つの道義的な問題は、お金のない人からお金持ちに富の再配分が起きてしまうという点です。

言うまでもないことではありますが、お金を借りるのは基本的に十分な額のお金がない人であり、その一方でお金を貸すのはお金が余っている人です。しかし、これによってもともとお金がない人が利子という形でさらに支出を迫られる一方で、お金を持っている人はそのお金そのものを資産としてさらに金利収入を得られることになってしまいます。世界各国の政府はお金持ちに対して高い所得税率をかけたり、お金持ちが主に買うような宝石や高級車などの税金を高くしたりする一方、貧しい人たちの所得税率を下げたり、食料品など生活必需品には税金をかけなかったりなどの政策を実施することで金持ちから貧しい人への富の再分配を進めていますが、現在の通貨制度自体がその逆の効果を持っていると言えるでしょう。

また、この富の再分配については、直接お金を借りていない人も対象となります。たとえば私たちは日頃の生活で食料品や衣類、文房具や雑貨などさまざまな商品を買ったり、あるいはバスや地下鉄やタクシーなどに乗ったり、電気やガスなどを使ったりしては、その利用料金を支払っていますが、その利用料金の一部が金利負担に消えていくわけです。たとえばTシャツを買った場合にはTシャツ工場を建設するために借りたお金に、パンを買った場合にはパン工房の機械を買うために借りたお金に、地下鉄に乗った場合には地下鉄の建設費として出した地方債に金利をつけて返済しないとならないわけですが、その金利は最終的にはとりもなおさず私たち消費者自身が負担することになるわけです。

このような間接的な金利負担も入れた上で、私たちがどれだけの金利を負担しているかについて、マルグリット・ケネディさんは計算を行いました。その結果、ドイツの全家庭のうち貧しいほうから数えて八割もの家庭が金利負担のほうが金利収入よりも多くなる一方で、最も豊かな一割の家庭が莫大な金利収入を得ていたことがわかりました。このように貧しい人からお金持ちに富の移転が起こるような経済制度は、そもそも社会正義に反しているのではないか、という根本的な疑念がここで提起されているのです。

さらに、政府や地方自治体が国債や地方債を出していることについても、マルグリット・ケネディさんは倫理的な問題を提起しています。政府や地方自治体は基本的に国民や地域住民に対して公平でなければならない存在ですが、国債や地方債を通じてお金持ちの私腹を肥やすのに貢献してしまっているわけで、公的機関としてこのようなことはおかしいのではないか、ということです。もちろん、実際には国債や地方債についても経済の原則が働くため、債券を買ってもらうためには金利をつけざるを得ないという事情はありますが、マルグリット・ケネディさんはそのような構造自体を問題ととらえているわけです。

長期的な事業にお金が回らない

また、シルビオ・ゲゼル自体も『自然的経済秩序』で説明していたことについてですが、私の前著『地域通貨入門――持続可能な社会を目指して』で、日本国内の地下鉄や高速道路が赤字になってしまう構図について、この金利の観点から説明しています。これについても、この本でもう一度紹介することにしたいと思います。

たとえば、東京都営地下鉄の大江戸線は二〇〇〇年十二月に開業し、東京の中でも最近再開発が進む地域を結ぶ重要な地下鉄路線として、二〇一一年度には都営地下鉄四路線の中でも最も多い毎日七八万人もの人が利用していますが、約一二四億円もの赤字路線になっています。四〇七億円程度の収入がある一方、経費としては人件費と物件費（消耗品の費用など）を合わせて二三八億円程度なので、これだけ見れば一六九億円の黒字なのですが、この一六九億円から減価償却費（建設費の返済）の二〇五億円に加え、金利の八三億円などがかかるため、トータルでは赤字に転落してしまうわけです。ここでの最大の問題は、金利の八三億円です。減価償却費については、一定期間（たとえば三十年）で建設費を返すための会計処理ですから仕方ないとして、仮に金利負担がなければ赤字額が抑えられていたと考えられます。しかし、金利を負担しないと建設資金が調達できないことから、赤字が膨らんでしまうのです。

最近民営化された高速道路の場合には、この数字がさらに極端なものになっていました。たとえば、一九八〇年代から一九九〇年代にかけて相次いで開通した本四連絡橋は、赤字経営が続いたために二〇〇三年度に累積赤字の切り離しが行われてやっと黒字転換しましたが、その直前の二〇〇二年度の数字を見ると、八五三億円の通行料収入に対し二三一億円の管理費しかかかっておらず、本来であれば六二二億円の黒字（この黒字から建設費の返済をしていく必要はもちろんありますが）だったのですが、金利負担が一〇八七億円もあるために四六五億円の赤字決算になっていたのです。

ここでは地下鉄や高速道路といった交通インフラについて、具体的な数字を使ってわかりやすく説明しましたが、もちろんこれは、教育や環境に配慮した農業など、他の分野にも当てはまります。シルビオ・ゲゼルは『自然的経済秩序』の第一部で、金利が仮に一パーセントだったらサハラ砂漠の灌漑やオランダ近海の干拓もできるようになるかもしれないと論じていますが、本当に社会や地球環境のためになる事業であっても、金利負担の大きさのために実現していないものは少なくありません。これは、最低でも毎年金利分が負担できないような事業にはお金が回らないからで、これにより利益率の低いものの、私たちにとって大切な事業が数多く日の目を見ないままになってしまっているのです。

減価するお金を導入することができれば、金利がなくなることからこれらの問題が一挙に解決します。まず、金利がなくなるということは指数関数的な経済成長をする必要がなくなるわけで、ガン細胞のような破滅的な事態を迎えなくてもよくなります。また、利払いの必要性がなくなるため、貧しい人からお金持ちへの所得移転も起こらなくなります。さらに、高い金利を負担できない事業も採算に乗るようになるため、これまでであれば実現不可能だった事業もたくさん軌道に乗るようになります。減価するお金の導入は、このように非常に画期的なものなのです。

「補完通貨」の考え方

また、世界各地で地域通貨が登場していますが、これらについて、第二章でご紹介したベルナルド・リエターさんは非常に面白い理論を紹介しています。

リエターさんは今の経済を研究している中で、この経済が男性的な原理で動いていることに気付きました。具体的に言うと競争の促進や拡張主義、中央集権や一時的な繁栄（たとえばバブル経済とその崩壊）などです。その一方で、相互協力やコンパクトさ（スモール・イズ・ビューティフル）、地方分権や持続的な繁栄など、女性的な原理は無視されてきました。これではバランスの取れた社会にならないということで、女性的な原理を推進する必要があるわけです。

ここでリエターさんは、古代中国の道教の陰陽を引用しています。私たちは先ほどのような議論を耳にすると、競争や中央集権など男性原理＝陽が悪で、協力や地方分権など女性原理＝陰が善だと単純に考えがちですが、実際にはそうではありません。人間社会で男性と女性の両方が必要なように、ここでも陰と陽の両方が必要なのです。ただ、陽が強すぎる現状がある以上、陰を推進してそのバランスを取るべきだというわけです。ヨーロッパ人がこのように東洋の哲学を引用していることに、私たちはもっと注目すべきではないでしょうか。

しかし、なぜこのように陽原理だけで経済が運営されてきたのでしょうか。それは、お金がそのような原則で管理されているからです。銀行からお金を借りることでお金は社会に流通しますが、返す時には元金だけでなく利子もつけて返さなければなりません。レンタカーを借りる場合には自動車をそのまま返せばよいのですが、百万円借りた場合には百万円でなく、利子もそろえて返さなければならず、そのため返済総額は一〇五万円や一一〇万円などになります。

私たちが毎日の生活で使っているお金は、元をたどればこのような形で市中に流通するようになったものです。ということは、仮に私たち全員がお金を銀行に返そうとした場合、誰かがお金を返せなくなり破産してしまいます。いす取りゲームでは誰か必ずいすに座れない人が出る仕組みになっていますが、私たちが毎日の生活を送っている経済は、必ず誰かが敗者となるいす取りゲームと全く違いはなく、単に経済というゲームに負けて消え去らないようにするために、私たちは数少ないいすをめぐって日々競争に追われていると言えるのです。

この状況を変えるためには、お金の発行方法を変える必要があります。地域通貨の中には、相互信用や担保（たとえば食料品や土地）の提供に応じて自分たち独自のお金を発行するシステムがありますが、この場合には誰も破産することなく全部清算することが可能です。たとえば、お米一キロと交換に五百円相当の地域通貨を発行する場合、倉庫で管理しているお米の量に見合った額のお金が流通している限り、誰も損することはありません。たとえばこの地域通貨が五十万円流通しても、お米一トン（千キロ）が担保として倉庫に保管されていれば問題なく清算が可能になります。こうすれば、競争ではなく協力関係をベースにした経済活動を実施できるようになるのです。

しかし、陰陽の両方が必要という話を思い出してください。リエターさんは今の法定通貨も、私たちの経済には欠かせないものだと考えています。競争は確かにマイナスの側面もありますが、技術革新や効率化などを促して私たちの生活水準の向上に役立っている面もあります。ですので、今の法定通貨による陽的な経済の役割や意義を認めた上で、それとは違った陰的な経済も同時並行で推進してゆくことを提案しており、その道具として「補完通貨」、すなわち陽原理が強すぎる今の社会で陰原理を入れることで、バランスの取れた社会を作ってゆこうというのが、リエターさんの提案なのです。

オーストリア・ヴェルグルの「労働証明書」

シルビオ・ゲゼルが提案した減価する貨幣については、彼が生きている間には実践されることはありませんでした。しかし、彼が亡くなった直後、大恐慌が深刻化する中でドイツやフランス、オーストリアなど各地で、地域通貨として減価する貨幣を導入し、地域経済の立て直しに成功した例が出てきました。この本では、その中でも最も有名な、オーストリア西部のチロル地方のヴェルグルという小さな町で、一九三二年から翌一九三三年にかけて実施された「労働証明書」について紹介したいと思います。

ヴェルグルはアルプスのふもとにある小さな村に過ぎませんでしたが、十九世紀中頃にオーストリアを東西に結ぶ鉄道路線と、アドリア海のトリエステ（現在はイタリア領ですが、当時はハプスブルク家のオーストリア帝国の一部）からドイツ・ミュンヘンまでを結ぶ鉄道路線が交差することになり、交通の要衝として栄えるようになりました。十九世紀終わりには繊維工場が建設されたことからこの街の人口が増え始め、一九〇〇年の六四八人から一九一〇年の四四二七人にまで成長しました（ちなみに、二〇一六年現在の人口は一万三千人程度です）。

しかし、大恐慌はこの街にも大きな影響を与えていました。鉄道交通の要衝であったヴェルグルでは鉄道の仕事で働く人も多かったのですが、一九三〇年には三一〇人いた鉄道関係の労働者が一九三三年には一九〇人に減っていました。セメント工場では、一九三〇年には六十人程度雇っていたのですが、一九三三年には二人まで人減らしを行っていました。繊維工場に至っては、一九三〇年に四百人もの従業員がいたのに、一九三三年には四人にまで従業員が減っていました。五千人弱の人口しかいない小さな町で何百人もの人が失業してしまった場合、どれだけ経済的に深刻な影響が発生するか想像に難くないことでしょう。

このような経済危機の中で一九三一年に町長になったのが、ミヒャエル・ウンターグッゲンベルガーです。彼は若いときにさまざまな仕事をして経験を積みながら、労働組合の活動を通じてシルビオ・ゲゼルの理論を学びました。そして町長として念入りに根回しをして減価する貨幣への理解を高めた上で、翌一九三二年の七月五日に会議が行われ、減価する貨幣として地域通貨を発行することが決まり、七月三一日から流通が始まったのです。

この会議が行われた一九三二年七月五日時点でのヴェルグルは、以下のような状態でした。失業者の数は四百名（そのうち失業保険も切れた人が二百名以上）にのぼり、ヴェルグル広域圏では失業者数は千五百名に達していました。銀行に対して町役場は百三十万シリングの借金がありましたが、その借金の元金を返すあてはなく、それどころか利息さえも五万シリング滞納していたのです。また、十一万八千シリングの地方税が未納状態でしたが、最悪の景気状況であった当時のヴェルグルで、この地方税を回収することはほぼ不可能でした。一九三二年の上半期の町の税収は三千シリングしかなく、町役場は経営破綻状態だったのです。

この会議で発行が決まった、労働証明書という名前の地域通貨には、シルビオ・ゲゼルの減価する貨幣の考えが応用されました。具体的には、新しい月になるたびに額面の百分の一のスタンプを貼らないと使えないお札が、一、五、十シリングという三つの額面で発行されたのです。七月三一日に千シリングが、町役場の職員の給料として支払われました。なお、この労働証明書にはシリングの担保があり、二パーセントの手数料を払えば誰でも労働証明書をシリングに交換したり、逆にシリングを労働証明書に交換したりすることができたのです。

この労働証明書は驚くようなスピードでヴェルグル町内を流通しました。三日後には青ざめた顔をした町役場の職員が、「労働証明書を千シリングしか発行していないのに、もう五一〇〇シリングもの税金が入ってきました。労働証明書がどこかで偽造されているはずです！」と町長に報告したのですが、町長はそれを聞いてにんまりと笑いました。つまり、減価する貨幣によりお金の流通がそれだけ促進されたので、同じお金が何度も市役所と町の人たちとの間を流通し、たった千シリングしか発行していないのに五一〇〇シリングもの税収増という効果をもたらしたのです。もちろんヴェルグルの人たちもこのお金で生活必需品などを買ったことでしょうから、その経済効果は五一〇〇シリングをはるかに上回るものだったことでしょう。

ヴェルグル町役場はこの労働証明書を使って、道路や学校の補修や建設などの公共事業を合計で十万シリング程度発注しました。以前はボロボロだった町の目抜き通りがきれいに補修され、経済水準は改善しました。しかし、通貨発行は中央銀行の特権だという訴えがオーストリア中央銀行から起こされ、翌一九三三年の九月にこの労働証明書は禁止されてしまいます。

この労働証明書がどのような効果をもたらしたかについて、もうちょっと詳しく見てみることにしましょう。この労働証明書の平均流通額は五四〇〇シリングでしたが、当時を知る人によると町役場には同じお札が週二回ほど戻って来ていたそうです。もちろん町役場に戻ってくるまでの間には、たとえば建設業者から労働者に、労働者から雑貨屋に、雑貨屋から農家にという形でいろいろな人にお金が渡っていたことを考えると、その経済効果はさらに大きなものであると考えられます。たとえば町役場を出てから町役場に戻ってくるまでのあいだにこの労働証明書が三回持ち主を変えたと考えると、労働証明書が流通していた一年ちょっとの経済効果は二五〇万シリング以上になると考えられます。

そして、このお金のおかげで新しい雇用が生まれ、当時の厳しい経済状況の中で失業者が四分の一も減ることになりました。また、お金が絶えず流通したことから経済がよみがえり、それまで滞納していた税金が納められるようになりました。信じられないでしょうが、税金を前払いする人まで現れたのです。

ヴェルグルを訪れると、この歴史を今でも伺い知ることができます。市役所そばには、この労働証明書で経済を立て直したミヒャエル・ウンターグッゲンベルガーを記念するモニュメントが今でも掲げられており、彼が住んでいた家が面する通りはその名もミヒャエル・ウンターグッゲンベルガー通りという名前になっています。教会のそばには町の資料館があるのですが、そこでは当時の資料などを閲覧することができます（要予約）。

さらに、二〇〇六年には減価する貨幣に対して市民や観光客に関心を持ってもらおうということで、石畳が整備されました。駅から中心街に向けて歩くと、西暦元年から二一世紀の今に至るまでの世界史上でのできごとが紹介されていますが、西暦元年一月一日に一ユーロを年利三パーセントで複利預金した場合に、そのお金がその時点でいくらになっていたかが示されます。たとえば、西暦六二二年にイスラム教が始まった時点では約九六五五万ユーロ、西暦一四九二年にコロンブスがアメリカ大陸に到達した時点では約一四二二京（兆の一万倍）ユーロ、そして一九四五年に広島に原爆が落とされた時点では約九秄《じょ》（一兆の一兆倍）二九八二垓《がい》（兆の一億倍）ユーロという、途方もない額になります。これにより、複利という制度自体が持続可能ではないことを示しています。

この他、市役所などにより、この労働証明書の歴史を伝えるために、ウンターグッゲンバルガー研究所が設立されています（リンク先などは巻末を参照）。

現在使われている減価する貨幣――キームガウアー（ドイツ）

また、このヴェルグルからあまり遠くない場所で、二〇〇三年から非常に興味深い減価する貨幣の実験が行われ続けています。ドイツにはルドルフ・シュタイナー（一八六一～一九二五）という哲学者の思想に基づいて運営されているシュタイナー学校（あるいはヴァルドルフ学校）が各地にありますが、そのうちの一つでの課外活動として地域通貨が始まり、ますます多くの人に使われています。

キームガウアーが実践されたオーストリアから車や電車で一時間から一時間半ほど行ったところ

にあるプリーン・アム・キームゼーは、キームゼーという素敵な湖のほとりにある街で、ミュンヘンとザルツブルク（オーストリア）のどちらからも一時間程度の距離にあることから、多くの観光客が来ています。このプリーン・アム・キームゼーにあるシュタイナー学校で経済学を教えていたクリスティアン・ゲレーリさんが授業で地域通貨の話をしたところ、女子生徒のうち何名かが運営に興味を持ち、課外活動として実際にやってみようということになりました。この地域通貨はプリーン・アム・キームゼー（人口約一万人）だけではなく、人口二万人のトラウンシュタインや人口六万人のローゼンハイムなど近くの街でも使われています。

この地域通貨は、オーストリア・ヴェルグルで使われた労働証明書と同じように、法定通貨（現在のドイツではユーロ）の担保があるものです。また、地元のNPOと提携して、地元のNPOを支援するような仕組みになっています。具体的には、以下のような形です。

NPO　キームガウアー事務局から百キームガウアーを九七ユーロで購入して、会員などに百ユーロで販売。百キームガウアーを販売するたびに三ユーロの利益が出て、この利益で活動を実施。

一般市民（消費者）　一般市民（消費者）が参加時に寄付したい事業を指定して、ユーロをキームガウアーに交換し、地元商店の買い物ではユーロのかわりにキームガウアーで代金を支払い、キームガウアーで買い物をすることで、実質的には自分の財布を痛めることなく地元のNPOを資金的に支援できる。

地元商店　商品の代金として受け入れたキームガウアーで他の地元商店や地元の農家などから仕入れるか、ユーロを必要とする場合には事務局で換金。この際に五パーセントの手数料が取られるが、キームガウアーを受け入れることで地元支援型の商店として店のイメージを改善でき、より多くのお客さんに来てもらえるようになる。

キームガウアー事務局　百キームガウアーを百ユーロで販売し、三ユーロをNPOに寄付。九五ユーロで引き取り、残りの二ユーロで印刷費などの事務経費を賄う。

このキームガウアーも、減価する貨幣の仕組みが導入されています。具体的には三か月ごとに額面の二パーセントのスタンプを買って貼る必要があるというものです。これにより、ヴェルグルの場合と同じように、お金を手元に持っておくのではなく、できるだけ早く使おうとするようになるわけです。

キームガウアーは導入後、着実に地域に溶け込んでゆきました。二〇一六年現在で五五五店舗と二六六のNPOが参加し、一一四万キームガウアー（約一億三三〇〇万円）以上が流通しています。二〇一四年におけるキームガウアーでの地域での年間売上額は七四三万ユーロ（約八億四七〇〇万円）に達し、六万七〇九ユーロ（約六九二万円）近くがNPOに寄付されています。また、キームガウアーの事務局自体もNPOですので、その会員の意見を反映した運営が行われています。

ヴィア銀行

また、減価する貨幣ではありませんが、補完通貨として長い歴史を持つ事例として、スイスのヴィア銀行（WIR Bank）をご紹介したいと思います。

ヴィア（WIR）とは、ドイツ語で「私たち」（英語の we に相当）を意味する単語ですが、この銀行は先ほどご紹介したヴェルグルと同じ時期の一九三四年に創設されました。その後歴史的にさまざまな変遷がありましたが、二一世紀の今に至るまで利用され続けてきた、非常に歴史の長い事例です。

ヴィア銀行は、もともとは減価する貨幣を使って流通させていましたが、スイス中央銀行との協議の結果、一九四八年に減価する貨幣の流通をやめることになりました。現在では紙幣やコインは流通しておらず、電子通貨ヴィアが主に中小企業の間での取引用に使われています。二〇一五年末現在で八億四九一六万ヴィア（約八九一億円）が流通しており、年間で一三億五千万ヴィア（約一四二〇億円）相当の取引がヴィア建てで行われています。

ヴィアは、会員企業がヴィア銀行から融資を受けることで発行されます。この場合、ヴィアを借りた場合にはスイスフランを借りるよりも金利が安いため、企業としてはできるだけヴィアを使って金利コストを下げようとします。また、スイスはドイツ・フランス・イタリア・オーストリアといった周辺国と比べても物価が高く、また周辺の国と同じ言葉を使っていることから、どうしても安い周辺国の商品を買いがちですが、ヴィアはスイス国内でしか使えないことから、スイス国内の中小企業同士の取引が増え、それにより中小企業での助け合い関係が構築されます。

ヴィア銀行については、面白い研究があります。それによると、スイスフラン経済がうまく行っているときにはヴィア建てでの取引は減る一方で、スイスフラン経済が不況に陥るとヴィアが盛んに使われるようになるというものです。

当たり前ですが、スイス経済がうまく行っているときには、どの会社も商品を順調に売りさばくことができます。しかし、景気が後退するとモノが売れなくなり、倉庫に商品が余ってしまうことになります。

しかし、ヴィアを使えば、スイスフランをあまり使わなくても商品の売り買いができるようになります。たとえば、七割をヴィアで、残りの三割をスイスフランで取引した場合、通常の三分の一未満のスイスフランしか必要なくなります。これにより、お金がそれほどなくても取引ができる、言い換えればお金の需要や供給を減らすことができるわけです。

また、先ほど紹介した陰陽二元論に基づいて考えると、スイスフラン経済は陽＝拡大志向が元来は強いものですが、その拡大志向が行き詰まった時には、陰＝安定志向を強めることによってバランスを取ることが大切になります。成長が必要なときには陽経済を、安定が必要なときには陰経済を利用することが大切なのです。

最後に、ヴィア銀行自体が協同組合であることについても、付け加えておきたいと思います。この章で後ほど、「連帯経済」の部分で協同組合について紹介していますが、普通の銀行があくまでも株主の利益の最大化のために活動する一方で、一般の預金者や借り手のことはあまり考えないのに対し、ヴィア銀行など協同組合銀行の場合には、その組織構造上銀行は会員のための経営をすべく要請されます。このような組織面でも、ヴィア銀行についてはもっと注目されてよいのではないでしょうか。

電子マネーと減価する貨幣

また、シルビオ・ゲゼルの時代と違い、今では電子マネーが幅広く使われるようになりました。この電子マネーは、実は減価する貨幣を推進する役割を担うことになります。

電子マネーという表現を使うと具体的に想像しにくいかもしれませんが、代表的なものはクレジットカードです。クレジットカードを使うことにより、現金を引き下ろさなくても商品を買うことができるようになりますが、実際には当然のことながらその代金に相当するお金が銀行口座からクレジットカード会社の口座に引き落とされることになります。

また、ＪＲ東日本のＳＵＩＣＡやＪＲ西日本のＩＣＯＣＡなど、前払い型のＩＣカードも電子マネーであると言えます。最近ではこれらのカードで電車の運賃だけでなく、駅の中の自動販売機で買い物をしたり、コンビニの商品の代金なども支払ったりすることができるようになっていますが、これも先ほどのクレジットカードと同様、各個人が持っている口座から電車の運賃や商品の代金などがＪＲ東日本やＪＲ西日本などの口座に引き下ろされる形になるので、基本的には同じ仕組みだと言えるでしょう。

ところで、なぜ減価する貨幣の導入において、電子マネーが有利になるのでしょうか。ちょっと考えてみたいと思います。

ヴェルグルやキームガウアーなどの例は「スタンプ貨幣」と呼ばれますが、これらスタンプ貨幣ではお札にきちんと有効なスタンプが貼られているか、一枚一枚確認する必要があります。しかし、たとえば五万八千円の商品を一万円札五枚と千円札八枚で支払った場合、合計で十三枚ものお札について、それぞれ有効期限内かどうか確かめなければなりません。特に忙しいレジで、お札を一枚一枚ゆっくり手にとって確認しなければならないというのは、かなり面倒なことになるはずです。

しかし、電子マネーであれば、自動的に減価させることができます。私たちが銀行にお金を預けると定期的に（年一回あるいは二回）利子がつきますが、これは銀行のコンピュータが私たち一人ひとりの口座残高を確認した上で、それに見合った額の利子を自動的に計算して追加してくれるからです。ですから、発想を逆転させて、電子マネーの場合には定期的に（たとえば毎月）少しずつ残高が減るシステムにすれば、いちいちお札にスタンプが貼ってあるかどうかを確認しなくても、減価する貨幣にすることができるというわけなのです。

もちろん実際には、こういうシステムを導入するためには電子マネーが生活の隅々まで浸透して、屋台や個人経営の店などでも電子マネーが使えるようにする必要があります。しかし、ＩＣカードや携帯電話などの技術を使えば、近い将来にもこういう商店でも電子マネーを受け取れるようになることでしょう。減価する貨幣の大切さをみんなが認識した上で、その減価する貨幣を実現する手段としてこの電子マネーに注目することが大事ではないでしょうか。

「もう一つのグローバル化」と連帯経済

一九八〇年代から経済や政治など、さまざまな分野でグローバル化が進んでいます。このグローバル化についてはプラスとマイナスの両方の側面がありますが、世界では単にこのグローバル化に反対するだけではなく、「もう一つのグローバル化」について考える動きも出ており、その「もう一つのグローバル化」を経済面で促進する動きとして連帯経済と呼ばれる運動が世界各地で始まっています。これについて、ちょっと紹介したいと思います。

グローバル化にはさまざまな現象がありますが、私たちの生活にとってプラスになっている面もあります。たとえば、インターネットに代表される情報技術の発展により、私たちの生活は大幅に変わりました。昔だったら会報を印刷して郵送していた団体でも、今ではインターネットのおかげで無料かつ即座に会報を送れるようになりました。また、インターネットを使えば無料で世界各地の人と話すことができます。昔なら電話代を気にして連絡がなかなかできなかった相手とも、気軽に通話することができるようになりました。さらに、自分のウェブサイトを立ち上げることで、世界中の人に自分の意見を読んでもらえるようになりました。最近ではYouTubeなどのサイトに自作のビデオをアップロードすることで、ビデオも世界中の人たちに見てもらえるようになっています。

しかし、グローバル化は必ずしもあらゆる人たちにバラ色の未来をもたらしているわけではありません。以前は各国が関税障壁を設けることで自国の産業を保護してきましたが、GATT（関税および貿易に関する一般協定）やそれが発展してできたWTO（世界貿易機関）によって世界各国が関税を引き下げるようになりました。これによって良質の商品を安く製造できる国は外国にその商品を売れるようになる一方で、関税がなくなったことで外国から安い製品が入ってきて、それまで国内で作っていた商品が売れなくなることもあります。

たとえば、一九九四年一月にカナダ・米国・メキシコの三カ国で結成されたNAFTA（北米自由貿易協定）によって、この三カ国の間での貿易でかかる関税が少しずつ減らされてゆきました。

これによって特に米国にあった工場がメキシコに移転し、それまで米国内の工場で働いていた労働者が失業してしまう一方で、補助金をたくさん受けて生産された米国産のトウモロコシにメキシコ産のトウモロコシは歯が立たず、メキシコの農家が生活苦に悩むようになりました。この場合、米国の工場労働者やメキシコの農家にとって、ＮＡＦＴＡは悪夢以外の何物でもないと言えるでしょう。

しかし、このような動きで一番注目すべきは、欧州連合（ＥＵ）の取り組みでしょう。第二次大戦直後に独仏共同で石炭や鉄鉱石などの資源管理をするために欧州石炭鉄鋼共同体が作られましたが、これがその後発展して現在の欧州連合（ＥＵ）となっています。ＥＵにより各国の統合が進み、たとえば日本人がフランスやイギリスに住むにはビザを申請しなければいけないのに対し、ドイツ人やスペイン人ならビザどころかパスポートなしで移り住むことができます。このため、たとえば新潟から東京に移り住むような感覚でイタリアからイギリスに、ドイツからスペインに移住する人が増え、シルビオ・ゲゼルが力説した「国際交流」がＥＵ各国でますます盛んになっています。もちろん、ヨーロッパ域内でモノを輸出する場合には関税がかかりませんから、ヨーロッパ域内での貿易も活発化しています。

しかし、ヨーロッパでもＮＡＦＴＡと同じような問題を抱えています。特にドイツは自動車産業や精密機械など工業が盛んな国でしたが、ＥＵが拡大してより平均所得が安い国もＥＵ加盟国になったことで、多くの企業がドイツからポーランドやチェコなどに工場を移転しています。また、工場が移転しないようにするために、ドイツの法律で認められた権利である週三五時間労働を諦めて週三八時間労働を労働組合が受け入れた場合もあります。特に人件費が高いドイツでは、このように産業の空洞化が問題になっています。

このように、国境を超えた人やモノや情報の動きがますます盛んになってきた最近の傾向のことをまとめてグローバル化、あるいはグローバリゼーションと呼びますが、これらグローバル化のマイナスの部分に苦しんでいる人などがさまざまな社会運動を始めるようになりました。その中でもフランスで始まり、世界各地に広がっている「もう一つのグローバル化」運動や、経済活動の面でその運動を推進している連帯経済についてご紹介したいと思います。

ここまでの説明でおわかりの通り、グローバル化にはプラスの部分もたくさんあります。インターネットなどのおかげで昔よりも早く、かつ安く通信ができるようになったことで情報面での交流が進み、昔であれば不可能だったような交流も可能になりました。また、EUでは人の移動も自由になったことで、国内移住と同じ感覚で他のヨーロッパの国に住みつくことができるようになりました（もちろん、現地のことばを勉強する必要はありますが）。このように交流が進むことで私たちの生活がいろいろな面で豊かになっていることについては、そのメリットをいくら強調しても強調し過ぎることはないでしょう。

とはいえ、特に経済面では、今のグローバル化は普通の人たちにとってあまり幸せをもたらすものではありません。特に競争が激しくなり、労働条件が悪くなったり給料が上がらなくなったりする一方で、経営陣だけが途方もない給料（日本円にすると何十億円もの年収）をもらっているのはおかしいということで、今のグローバル化とは違う形の、もう一つのグローバル化を目指そうという動きが、フランスを中心として始まっています。フランスでは直訳すると「もう一つの世界主義」と言う意味になるアルテルモンディアリスム（altermondialisme）や、この運動に取り組む人を指すアルテルモンディアリスト（altermondialiste）という単語は、新聞やマスメディアなどでも使われています。

このようにわざわざ説明を行ったのは、グローバル化に反対する人たちは国際交流の推進をやめて、昔のように国境を閉じて国内だけで自給自足の生活を送ることを望んでいると誤解されがちだからです。確かにある政策を実施したことで問題が発生した場合、その政策をやめて以前の方式に戻すことがよいと安直に思いがちな人は少なくありませんが、しかしグローバル化によってさまざまな利益も私たちが受けており、この利益により私たちの生活も改善しています。

また、シルビオ・ゲゼルの人となりに立ち返って考えてみると、この国際交流こそが人類全体により豊かな生活を届けるものであることは間違いありません。世界各国の人たちが交流を深め、各国の文化や風習などを世界各地に広めることで、私たちはより豊かな生活を送ることができます。

これは日本も例外ではなく、私たちが毎日の生活の中で当たり前のように接しているもののうち、非常に多くのものが外国から来たものなのです。

たとえば、日本では日本語が使われていますが、私たちが毎日使っている漢字は、もとをたどれば中国から来たもので、その漢字からひらがなやカタカナが作られています。また、私たちが毎日食べているお米も今の中国南部にあたる地域から栽培方法が日本に伝わったものですし、今では日本の代表的な食べ物の一つになっているうどんも、鎌倉時代に中国から来た麺料理が起源です。この他ジャガイモやサツマイモ、ナスやトマト、玉ねぎやキュウリなど毎日の食卓に欠かすことのできない野菜も海外から伝わったものですし、電話や電灯、ストーブや自転車など私たちの生活に欠かせないさまざまな道具の中にも、外国で発明されてから日本に導入されたものがたくさんあります。むしろ、私たちが毎日使っているものの中で、外国からの影響が全くないものを探すほうが難しいと言えるでしょう。

さて、このように「もう一つのグローバル化」が最近注目されているわけですが、それを具体的に実施する方法として、最近「連帯経済」と呼ばれる経済が成長しています。連帯経済ということばを耳にしたことがない方も多いと思いますので、ちょっと説明したいと思います。

連帯経済とは、基本的に社会的連帯を基盤に据えて行う経済活動をまとめたものということができます。普通の会社の場合、第一章でも説明したようにあくまでもその会社に資金を出してくれた株主に最大の利益を配当することが活動目的になっていますから、社員の福利厚生や周辺環境の保護は二の次、三の次になってしまいます。しかし、そうではなく社会（地域社会だけではなく国際社会も）や環境のことも考えた経済活動が連帯経済を構成しており、具体的には以下のような例があります。

ＮＰＯ（非営利組織）　福祉や環境保護、まちづくりや子育て支援などのＮＰＯ（特定非営利団体）だけでなく、財団法人や医療法人、学校法人なども含まれます。米国ではＮＰＯに寄付をすると税金を減免してもらえるため、これらＮＰＯの活動が非常に盛んです。また、フランスでは一九〇一年法という法律により、さまざまなＮＰＯの活動が認められています。

フェアトレード　コーヒーから始まり、その他の途上国産の製品にも広がっていった運動です。これはもともと、途上国にあるコーヒー農園で働く人たちが低賃金長時間労働に苦しんでいることを知った人たちが、この人たちが仕事に見合った給料をもらえるようにするためにコーヒーを高く買おうと始まったもので、特にこの運動が始まったイギリスでは社会的に広く認知され、定着しています。また、このような運動を通じて途上国の生産者を意識するようになり、社会的連帯の絆が高まるという効果もあります。

社会的企業　イギリスやフランスなどで盛んになっている取り組みで、長期失業者や障害者など、なかなか安定した仕事にありつけない人を、職業訓練も兼ねて雇い入れる事例です。普通の利益最優先の企業と違って、このように弱い立場の人たちが経済的にやってゆけるように支援してゆくのが、その目的となっています。

協同組合　日本では協同組合というと消費者生協が有名ですが、連帯経済で協同組合と言うと、むしろ生産者協同組合のことを指します。普通の会社では、あくまでも外部からその会社に出資した株主の利益を最重要視する必要がありますが、生産者協同組合の場合には従業員でもある組合員がお金を出すため、労働者＝資本家となります。そのため、労働者が自分自身のためになる経営を行うことができるという長所があるわけです。

オープンソフト　使用料を払わなくても誰でも利用できるパソコンプログラムのことを指します。私たちがパソコンを買う場合には、ＯＳ（オペレーション・システム）と呼ばれる基本ソフトや文章作成ソフトなどが必要になりますが、これら誰もが必要とするパソコンプログラムの開発を利益最優先の私企業に任せるのではなく、そのプログラム内容を一般に公開した上でボランティアのプログラマにプログラムを作ってもらうことで、誰でも無料で利用・改良できるようにしようというのが、オープンソフトの基本精神です。特にソフトウェアの使用料金が高くなっている昨今では、途上国でパソコンを導入する場合にこのオープンソフトは非常に大切なものとなっています。ＯＳとしてはＬＩＮＵＸが、文章作成ソフトなどとしてはオープンオフィスが有名で、こういうソフトを積極的に使うことで安くパソコンを手に入れることができるようになるのです。

連帯金融　環境や社会に配慮した事業に対してお金を貸す仕組みです。普通の銀行は利益を最優先するため、どうしても社会や環境に配慮した事業には資金が回りにくくなっています。そこで、事業の採算性を考慮した上で、あくまでもそのような事業にのみお金を貸す取り組みが始まっています。日本ではＮＰＯバンク、主に途上国ではマイクロクレジットなどの名称が使われていますが、本質的には同じものです。なお、連帯金融の中には、途上国の開発支援のためのプロジェクトへの融資も含まれます。

市民参加型予算編成　一九八〇年代後半にブラジル南部のポルト・アレグレという街で始まり、その後主に南米やヨーロッパ各国に広がっていった取り組みで、たとえば横浜市民の場合、各小学校区などある程度の地区ごとに予算を配分した上で、各地区の自治会などで具体的にどの分野にいくら予算を割り当てるかを決めるというものです。治安が悪い地区であれば防犯カメラや交番などの設置に、子育て支援を重視する地区なら保育所の設置や保母さんの増員などに、下水道整備を重視する地区であればそれに予算を割くことができるわけです。この取り組みは、他の連帯経済の分野とはちょっと毛色が違うものですが、市民社会がお金の使い道を決めるという点では他の連帯経済の活動と何ら変わることがありません。ですので、連帯経済の一部と考えることができるわけです。

また、ここではあえて紹介しませんが、前述したヴェルグルの労働証明書やキームガウアーなどの補完通貨も、連帯経済の活動の一部として認められています。

これら連帯経済の運動は、連帯経済でない経済の規模と比べるとまだまだごく小規模ですが、資本主義一辺倒に見える今の社会の矛盾を解決する手段として、世界的に注目が高まっています。

第六章　まとめ――私たちに残された課題

ゲゼルの問題点

とは言っても、『自然的経済秩序』が刊行されてから百年近く経過した今では、シルビオ・ゲゼルが生きていた当時とは社会状況が大きく異なります。そのため、当時のようにはうまく行かない点が少なくありません。ここでは二一世紀初頭の現在の視点からシルビオ・ゲゼルを考えた場合の問題点について、いくつか指摘しておきたいと思います。

土地改革・母親年金について

土地改革は非常に難しいテーマで、簡単に実現できるものではありませんが、私が考えるいくつかの問題点についてここで明らかにしておきたいと思います。

天然資源が外交の道具になる話は第二章でも取り上げましたが、残念ながら『自然的経済秩序』が刊行されてから百年近く経った今でも、その状況はあまり変わっていません。天然資源に恵まれた国はその天然資源を外国に売りつけるだけで生活が成り立つのに対して、日本など天然資源に乏しい国は外国から資源を輸入した上で、その資源を加工して外国に売ることで生活してゆかなければなりません。このため、資源を持っている国はその有利な立場を利用して、資源外交を展開しています。

もちろん、各国が協力することで、このような縄張り争いを克服することも可能です。先ほども書いたように欧州連合（ＥＵ）では、加盟国の人ならどこでも好きな国に行ってそこに住みつくことができます。また、石炭や鉄鉱石以外にも、たとえば漁業資源もＥＵによる共同管理が現在では行われています。このように、ＥＵ加盟国なら国籍に関係なく同じ権利が保障されるようになったことで、ＥＵ内で土地をめぐる争いを起こす必要はなくなりました。仮にＥＵのみならず、世界中で同じようになれば、国際紛争は起こらなくなることでしょう。

また、『自然的経済秩序』が書かれた頃まではまだまだ開拓されていない土地が世界にたくさんありましたが、そのような土地があらかた開墾され尽くした今では、百年前のように新天地を目指して農民が移住することはかなり難しくなっています。さらに、機械化が進んでむしろ高い失業率にどの国も悩まされている今、仮にそのような土地があったとしても、わざわざ外国から農民を呼び寄せることはないでしょう。

さらに、第五章でご紹介したように、シルビオ・ゲゼルが「母親年金」の導入によって達成しようとした社会変革は、別の方法でも実現することができます。実際フランスでは、高校や大学の授業料を無料にしたり、地代のかわりに付加価値税（日本の消費税に相当）を税源にしたりすることで、「母親年金」の理想がほぼ現実のものになっていると言ってかまわないでしょう。シルビオ・ゲゼルが提案した理論をそのまま実践することにこだわるのではなく、他の方法や実践例などにも目を向けた上で、日本に応用する場合には日本にふさわしい方法を編み出すことが肝心なのではないでしょうか。

優生学的思考

シルビオ・ゲゼルが生きていた当時は、優生学に基づいた考え方が支配的でした。優生学とは優秀な遺伝子の存在を認めた上で、その遺伝子を持つ人たち同士が結婚して子どもを作ることを奨励することで、人類全体の「品種改良」を行おうという発想です。実際、ゲゼル自身も『**女性は自らの選択権を回復するが、それは意味のない政治的選挙権ではなく、偉大なる淘汰の権利である**』(第二部第四章)と書き残し、より魅力的な男性の子どもを宿す女性の権利を擁護しています。

世界市民であったシルビオ自身は、人種に優劣があるという考え方は持っていませんでした。ドイツ人だろうがアルゼンチン人だろうが、日本人だろうがアフリカ人だろうが、中国人だろうがアラブ人だろうが、優秀な人もいれば優秀ではない人もいる以上、優秀な人同士が人種や社会階層などを超えて結婚して子孫をたくさん残せば、人類の進化に役立つだろうと考えていたことでしょう。

しかし、ゲゼルの死の直後にドイツで政権を奪ったナチスはこの優生学を独自な形で推進し、「アーリア人種」の優秀性を説いた上でそれ以外の人種を徹底的に弾圧しました。特にユダヤ人に対してはアウシュヴィッツ強制収容所に代表されるような強制労働や大量殺戮を行った結果、何百万人ものユダヤ人が命を奪われたり、アメリカ合衆国や南米などに亡命を余儀なくされたりしました。

また、人種に関係なく「劣等」とされた人たち、具体的には身体障害者などが、強制的避妊手術の対象になることもありました。これはナチス・ドイツだけでなく、日本でも特にハンセン病の患者に対して太平洋戦争中に行われており、これにより数多くの人たちが、子どもを持ちたくても持つことができなくなってしまいました。

シルビオはもちろんこのような悲劇を目の当たりにする前にこの世を去ったわけですが、優生学がこのような残虐行為を生む可能性がある以上、この問題をもっと直視すべきではないでしょうか。

実際のところ、個人の能力というものは遺伝子による先天的な要素よりは、むしろ生まれたあとの環境や訓練など後天的な要素によって決まる部分のほうがはるかに大きいことが、さまざまな研究の結果わかっています。科学的にもその正当性が疑われている優生学については、人種差別や障害者差別などにつながる可能性をわきまえた上で、ゲゼルの残したことばを解釈する必要があると言えるでしょう。

通貨管理局の限界――信用取引と金融取引、信用創造と減価する貨幣

また、シルビオ・ゲゼルは、通貨管理局によってお金の発行量や流通量を制御することができると考えていました。しかし、実際のお金がどのように発行されているかを考えた場合、このような

アイデアは現実的ではないと言えるでしょう。

中央銀行がお金の発行を管理しているというのは、確かにその通りです。たとえば、私たちが毎日の生活で使っている一万円札や千円札は日銀が発行しているもので、仮に日銀がお札を発行しなくなったら、そのうち日本から日本円は流通しなくなるはずです。

しかし、実際には私たちが使っているお金のうち大部分は、お札ではなく都市銀行など金融機関の口座預金残高という形で、いわば一種の電子マネーという形で存在しているのです。このため、実はお金の流通量を決めるのは日銀ではなく、一般金融機関なのです。これはどういうことでしょうか。

たとえば、Aさんが百万円を銀行に預けたとしましょう。一万円札百枚が銀行に引き渡され、銀行の金庫の中に保管されるわけですが、銀行はこの一万円札百枚を預かったことをAさんの銀行の預金口座に記録し、この百万円のうち自己資金として残しておかなければならない部分（たとえば十パーセントなら十万円）を除いた九十万円をBさんに貸し付けますが、実際には銀行口座に九十万円という額が書き込まれるだけで、Aさんが預けた百万円は銀行の金庫の中で眠ったままです。

Bさんは一万円札九十枚を口座から引き下ろすことも可能ですが、多くの場合には現金という形で引き下ろさず、銀行口座にお金を預けたまま口座振り込みなどの形でCさんに支払いを行います。

Bさんから C さんに九十万円が口座振り込みで支払われると、AさんとCさんの預金残高の合計は百九十万円になり、そのうち九十万円を銀行は貸し出し、十万円を自己資金として銀行の中に残していることになります。

すると銀行はCさんの九十万円のうち、自己資金として残す十パーセントを除いた八一万円をDさんに貸し出します。Dさんはその八一万円をEさんに支払うわけですが、AさんとBさんとCさんの預金残高の合計は二七一万円、そのうちBさんに九十万円、Cさんに八一万円の計一七一万円が貸し出された状態になります。これをずっと続けてゆくと、理論的には最初のお札百万円から一千万円を創造することができるようになります。

これを信用創造と言い、これによりどこの国でもお札として流通しているお金の何十倍ものお金が存在していることになります。たとえば日銀によると二〇一六年八月現在では、実際にお札やコインという形で流通しているお金の総額は九二・一兆円ですが、銀行や郵便局が行った信用創造によって一千兆円以上ものお金が存在していることになります。

シルビオ・ゲゼルが提案した通貨管理局では、このような信用創造を管理することはできません。そして実際に流通しているお札やコイン（七二・二兆円）が信用創造で生まれたお金（一千兆円以上）のほんのわずかの部分しか占めていないことを考えると、通貨管理局がお金の流通量や物価を直接制御できると考えることはできないでしょう。もちろん今の日銀も、公定歩合（日銀からお金を貸し出す場合の金利）を調節したり、国債や手形などを売り買い（公開市場操作）したりすることで通貨供給量をある程度操作することができますが、それでも現在の中央銀行がインフレやデフレを必ずしも完璧に管理できていないことを考えると、そう簡単にシルビオの理想が実現できるとは思えません。

加えて、シルビオ・ゲゼルの時代と違い、今では為替の金融取引が莫大な額に上っています。ＢＩＳ（国際決済銀行）によると二〇一六年四月現在で、一日平均五・一兆億ドルものお金が取引されており、これは一九九二年の八八〇〇億ドルの六倍近くにも達しています。日本の年間の国内総生産が五兆九六四〇億ドル、全世界の年間総生産が七一兆ドルであることを考えると、特に経済規模が小さな国では金融市場が一斉に売りに出てしまった場合、暴落して通貨危機に苦しむことになってしまいます。このように金融市場が大きく膨らんでしまっているため、通貨管理局による物価やお金の流通量の制御を難しくしている現状があることも忘れるべきではないでしょう。

なお、減価する貨幣の導入という点では別の問題についても考える必要が出てきます。確かに現金として日本国内外で流通している八十兆円近くについては減価を適用することができるでしょうが、一旦銀行に預けたり、電子マネーにしたりしてしまうと、この対象外になってしまいます。そのため、できるだけ現金ではなくクレジットカードやデビットカードのほか、ＳＵＩＣＡやＥＤＹなどの電子マネーで決済しようとするようになり、結果として減価する貨幣の導入が無意味になってしまう可能性があります。

このような問題を解決するためには、銀行の預金や電子マネーという形で流通しているお金についても、何らかの形で減価する貨幣の精神を適用させることで、同じような流動性を確保する必要があると言えます。特に、銀行の普通預金や当座預金の場合、いつでも現金を引き下ろし可能だったり、代金の支払いにいつでも使えるようなものであったりするため、電子マネーなど、現金と同じ種類のものと考えて減価逃れをさせないようにすることが必要と言えるでしょう（具体的には銀行の普通預金や当座預金に対しても、お札と同じ減価率を適用させる）。

ちなみに、今の日本では普通預金や当座預金だけで五百兆円近くあり、現金と合わせると五五〇兆円以上の流通量となっていますので、これに年五パーセントの減価を適用した場合には、それだけで三十兆円近い税収増になります。このお金を仮にシルビオ・ゲゼルが提案している「母親年金」に割り当てた場合、二〇一五年の国勢調査では日本の十五歳未満の子どもの数が一五九〇万人程度ですので、子ども一人当たりに対して年間百七十万円程度のお金を割り振ることができるようになり、その結果として母親が子育てに専念できるほどの収入は無理としても、少なくともフランスのような子育て支援政策が実現できることになります（もちろん実際には、子どもの数に応じて支給額を変える必要があります。また、実際に減価する貨幣が流通するようになると、流通するお金の量を減らしても十分に経済が回るようになりますので、これほどの収入が得られるわけではありませんが)。

さらに、SUICAやEDYなど電子マネーについても、普通預金や当座預金が減価することから自然と問題が解決します。SUICAにチャージをした場合にはそのぶんのお金が当然JR東日本の口座に移ることになりますが、そのお金が減価する以上JR東日本は、一刻も早くそのお金を使ってしまうか定期預金として預金しなおす必要があります。こうすることで、SUICAにチャージしたぶんの減価するお金は流通を続け(定期預金になった場合には銀行自体が減価手数料を負担することになるので、銀行も何らかの形で早くこのお金を貸し出そうとする)、安定した通貨の流動性が確保されるわけです。

地域通貨の禁止

地域通貨の推進者がゲゼルを取り上げることが多いため、ゲゼル自身も地域通貨の推進者のように思われがちですが、実際には第三章でご紹介したように、ゲゼル自身はむしろ地域通貨には反対する立場を表明していました。政府が発行・管理する通貨以外にも一般市民や企業などが自由気ままに自分の都合でお金を発行したら、経済が混乱してしまうと、彼は考えたのです。

しかし、果たしてそうでしょうか。今や私たちは、地域通貨とまでは言わなくてもさまざまなお金を日常生活で使っています。図書券やポイントカード、飛行機に乗る人であれば航空会社のマイレージなどがそれに当たりますが、私たちはこういうお金を日本円と同時並行に使っています。しかし、それで特段不便を感じることはありません。地域通貨についても同じことが言えるはずです。

また、さまざまな地域通貨が近年勃興してきたもう一つの理由として、今の法定通貨が一般市民の手で管理できないようになっていることが挙げられます。たとえば日本では総選挙を通じて間接的に首相を選ぶことができますが、日銀の総裁人事や具体的な政策については、一般市民が意見をはさむことはできません。私たちは毎日の生活で日本円が必要ですが、その日本円を管理している日銀が一般市民に何ら責任を負う必要がない今のシステムは、どこか奇妙ではないでしょうか。

生涯の部分でも書きましたが、シルビオ・ゲゼルは無政府主義者（アナーキスト）でもありました。しかし、彼が『自然的経済秩序』で提案した解決策は、各国政府の通貨管理局がインフレもデフレも起こさないような按配でお金を発行・流通させるというものです。

シルビオの生きていた時代であれば、この解決策はまだ有効だったかもしれません。しかし、その後世界経済の仕組みが大きく変わり、実体経済をはるかに上回る額のお金が株や為替などの市場で取引されるようになりました。そして、通貨危機が起こった場合には政府や中央銀行でさえもなす術がなく、国際通貨基金（ＩＭＦ）に支援を要請しないといけないような事態が多発している現在の状況を考えれば、政府の通貨局に通貨の管理を任せれば安心というわけにはいかないでしょう。

減価する貨幣を導入する具体的方策

最後に、シルビオ・ゲゼルの減価する貨幣を実践する具体的な方策について、少し紹介したいと思います。

二〇〇五年に私が刊行した『地域通貨入門――持続可能な社会を目指して』で私は、当時の郵便貯金を利用した陰通貨「タオ」の発行を提唱しました。しかし、残念ながら郵便局はその後民営化されてしまったことから、少なくとも二〇一六年九月現在の状況では、私が提唱したような運用はできなくなってしまっています。ですので、ここでは別の方法をご紹介したいと思います。

第五章で減価する貨幣の事例を紹介しましたが、電子マネーにする必要のない小規模なケースであれば、キームガウアーのような方法が一番簡単でしょう。ただ、この方法では当面の取引に必要なぶんを超えるキームガウアーが貯まってしまった場合には、五パーセントの手数料を支払ってユーロに再交換するしかありません。ですが、何らかの形でこの余ったキームガウアーを地元の事業所に無利子で貸し付けることができれば、両者にとって得になります。直接お金を貸し付ける方法にするのか、それとも地域の信用金庫などを経由する形にするのかについては今後もまだ議論が分かれるところでしょうが、こうして地域内で事業を起こしてゆく道具としても地域通貨を使うことが大切になるのです。

ただ、日本社会全体にある程度インパクトを与えるようなシステムを目指す場合には、やはりもっと広い経済圏を対象とする必要があるでしょう。さすがにこれだけグローバル化した経済を考えると、日銀が発行している日本円をそのまま減価する貨幣にした場合、手元に持っておくと価値が減ってゆくお金ということで、米ドルやユーロなど他の通貨に対して円安になってしまう可能性があります。日本が海外から食料や原油などさまざまな天然資源を輸入している現状を考えると、これは得策とは言えないでしょう。やはり、リエターさんが言うようにあくまでも国際貿易（陽経済）などにも使えるお金は当面のところ今までのようにした上で、それとは別に、地域社会や環境などを守る経済（陰経済）を進める道具として減価する貨幣を導入することが大切になるでしょう。

私が考える現実的な解決策は、とりあえず都道府県あるいは道州制の州を単位として、地域通貨というよりもむしろ地方通貨として流通させるというものです。これはなぜでしょうか。

お互いの顔の見える範囲ということで市町村内、あるいは大都市の場合はその一部を流通範囲とする地域通貨は日本各地にありますが、そのような狭い範囲で自給自足できる商品やサービスの幅は非常に限られています。たとえば新宿区内ではほとんど農産物はありませんし、キャベツで有名な群馬県嬬恋村では工業製品はほとんど生産されていません。また、たとえば建築事務所を経営している人の場合、自分が住んでいる市町村内で仕事をすることもあるでしょうが、自家用車を運転して数十キロ先、場合によっては隣の県で仕事を行うことも少なくないでしょう。

このような経済活動の実態を考えた場合に、市町村という単位は経済圏として考えるとどうしても狭過ぎます。できれば都道府県や道州制の州を単位として、広域経済圏の中で幅広く使われる道具として構想したほうが、実態に合っているのではないかと思います。

また、なぜ日本全国ではないのかという疑問を持たれた方もいらっしゃるかもしれませんが、やはり日本全体では経済圏として広すぎます。北海道に住んでいる人にとって四国は生活圏の外ですし、九州の人間にとって北陸はあまり交流もないよその地域ですが、たとえば岩手県の人であれば、広島県や沖縄県のことよりも、秋田県や福島県のことについてよくご存じのことでしょうし、ときどき地方内の他の県を訪ねることもあるでしょう。ですので、関西や東北、北陸や九州など、日常生活の中である程度交流がある単位ごとにまとめた上で、それぞれの地方ごとに独自の地方通貨を発行するようにするのです。

このように地方単位で陰通貨を発行することには、別のメリットがあります。日本と言っても東京と地方では経済構造が違い、求められている事業などにも違いがあるため、やはり東京を中心とした全国一律のシステムでは、そのような各地方の違いに対応することができません。また、特に関東や関西では毎日のように都府県境を越えて通勤したり仕事を行ったりする人が少なくないため、都府県単位でも小さすぎるでしょう。実際の社会の動きに合わせて考えた場合、やはりそのような地方レベルで広く流通する地方通貨が実態に合っていると言えるでしょう。

このような地方通貨の目的を達成するためには、その地方に住む人たちが、自分たちでその地方通貨の管理団体（説明の都合上、ここからは地方通貨銀行という名前にします）の総裁を住民投票で選ぶようにすることが大切だと考えます。選挙では各候補が、どのようにして地方通貨銀行の立場で地方経済を活性化するのかについて具体的に説明した上で、住民に一番支持された人が総裁になります。この銀行はあくまでも各都道府県や、道州制の実現後には各州政府からは完全に独立した存在になりますが、そのかわり地域住民に対して説明責任を負うことになり、場合によっては市町村長や都道府県知事と同じようにリコールの対象になる可能性もあるわけです。

このようにして、日本各地に地方通貨銀行が設立されることになります。この地方通貨銀行はヴィア銀行と同じように、企業が差し出す担保（土地や建物、設備など）をもとにして、電子通貨として無利子で補完通貨を発行することになります。これは何も、民間企業だけに限ったことではありません。各都道府県（道州制移行後は各州政府）や地方内の市区町村も、同じようにして地方通貨銀行から地方通貨建てで融資を受けることになります。仮にその企業が返せなくなった場合には、普通の銀行と同じようにその担保を差し押さえることができるので、貸し倒れの可能性は低くなるわけです。

そしてこの場合に、地方自治体に対しても民間企業と同じように厳密な融資審査が、地方通貨銀行によって実施されます。というのも、もし融資が焦げ付いた場合にはその地方の経済全体が大変なことになってしまいますので、各地の経済の大黒柱として地方通貨銀行は責任をもって融資しなければなりません。

無利子で貸してしまった場合、普通の銀行からお金を借りる人がいなくなるのではないかと心配する人がいるでしょうが、その心配はありません。今の経済では私たちはさまざまな商品やモノを地域外から（場合によっては日本国外から）輸入しており、それを買うためには地方通貨ではなく日本円が必要なため、日本円の必要性がなくなることはないでしょう。実際には、日本円七：地方通貨三程度の割合で、両通貨を組み合わせた形の融資が行われることでしょう。

ちなみに、ヴィア銀行の場合にはスイス国立銀行との話し合いにより、一九四〇年代に減価は中止されていますが、日本ではこのあたりは気にしなくてかまわないでしょう。

それよりも問題となるのは、電子通貨としての減価する地方通貨をどのようにして日本社会の隅々にまで広めてゆくか、という点です。特に日本の場合、他の国と比べるとクレジットカードやキャッシュカードなどの普及率が低く、現金会計が主流の国ではありますが、ＳＵＩＣＡなどが最近日本でこれだけ普及したことを考えれば、それほど難しくないと言えるでしょう。ただ、関東や関西ではこのような電子カードが普及していても、地方ではまだまだ電子カードは普及していませんので、誰でも使えるような電子通貨をデザインする必要があります。

この問題を解決するカギとなりそうなのが、スマートフォンです。クレジットカードやＳＵＩＣ

Aなどの読み取り機を零細事業所や個人宅にまで徹底するのは難しいでしょうが、スマートフォンであれば日本社会に幅広く普及しているので、このスマートフォンを使う形で決済ができれば、実用性はかなり高くなることでしょう。また、都市部ではすでにSUICAなどが普及しているので、それと同じハードを使うことも考えられます。

いずれにせよ、このようにして電子通貨が普及するようになると、毎日の買い物でこの電子通貨が使えるようになります。会社や地方自治体などが地方通貨を借り入れて、これで地元の企業の取引や給料の一部などに支払うことになります。また、地方税として都道府県や市区町村に税金を納めることができますので、地方内で幅広く受け入れる通貨になると期待されます。

減価についてですが、たとえば毎週月曜日の朝に、その時点で手元に持っている額の千分の一（たとえば五十万円持っている場合には五百円）が各自の口座から差し引かれます。差し引かれた額は地方通貨銀行自身の口座に入り、経費を差し引いた上でその地方内の都道府県（道州制の実施後は各州政府）に配分されます。なお、同銀行を運営してゆくためには日本円も必要となりますが、この地方通貨が地域経済全体を支える大切なものになることから、その日本円については各都道府県（あるいは各州政府）から徴収するのが一番よいでしょう。

このようにして、住民投票によって総裁が選出された地方通貨銀行が、地元の企業や自治体に対して地方通貨で融資を行い、日本円と地方通貨の両方を使って経済を動かしてゆきます。地方通貨建てでは金利なしでお金が借りられるようになるため、企業はこのシステムを利用して金利負担を減らすことができます。また、手元に置いておくと少しずつ価値が減ってゆくお金ですので、日本円よりもはるかに早く流通してゆきます。米ドルやユーロなど世界中のお金と交換できることから日本国外との貿易にも使える日本円と、あくまでも地方内でのみ流通して地方内の経済を支える地方通貨とが共存することで、バランスの取れた経済運営ができるようになるのです。

また、この地方通貨銀行についてですが、特にヨーロッパや中南米でさまざまな活動を展開しているオランダのＮＧＯ「ストロハルム」が提案し、ブラジルで実践経験のあるフォメントノプロジェクトの考え方が応用できると思いますので、ここでご紹介したいと思います。

先進国政府や財団などから途上国に対して、学校設立のために十万ドルが寄付されたとしましょう。この十万ドルを受け取ったＮＧＯは、建設会社にこの十万ドルを建設代金として払います。そのうち八万ドルが地域外の業者に流れてしまい、給料などの形で地域経済に残るのはわずか二万ドルです。そしてこの二万ドルも、すぐに地域外に流れてしまうため、この寄付による地域経済への効果は十二万ドルとなります。

しかし、ここで地域通貨を介在させたらどうなるでしょうか。ＮＧＯはこの十万ドルをマイクロクレジット（小規模融資）の運営団体に渡す一方で、建設会社には十万ドル相当の地域通貨で建設代金を支払います。そして、マイクロクレジットの運営団体は地元の他の会社に対して融資を行いますが、この融資はドルでも地域通貨でも返済可能とします。たとえば、五千ドル借りた会社であれば、五千ドルを全てドルで返しても、逆に五千ドル相当を全て地域通貨で返してもよいわけです。

地域通貨は当然のことながらその地域でしか使えないため、建設会社は当然のことながら地元の会社から資材を買い入れたり、給料を支払ったりします。地域通貨で給料を受け取った人や資材を売った会社は、他に地域通貨を受け入れる会社に支払いを行います。そして最終的にはマイクロクレジットを受け取った会社に地域通貨が渡り、この地域通貨で借金を返すことができるわけです。こうして、たとえばNGOから建設会社までで十万ドル、建設会社から他の会社や従業員に十万ドル、そしてそれら会社や従業員からマイクロクレジットを受けた会社に十万ドルということで、三十万ドルの経済効果が地域に生まれるわけです。

これが実践されたのは、ブラジル北東部セアラ州の州都フォルタレザ市のスラム地区です。この地区ではこれ以前の一九九八年より、地域通貨を使ったパルマス銀行という銀行が運営されており、地元の人たちに対してマイクロクレジット（小規模融資）が行われていましたが、この地域で二〇〇二年に小学校を作るプロジェクトが持ち上がりました。小学校を作るためにオランダ政府から五万レアル（当時のレートで約二一〇万円）の援助が入り、そのうち一万レアル（約四二万円）だけはそのまま現金で、残りの四万レアル（約一六八万円）は地域通貨で支払ったのです。

実際にこのプロジェクトはうまく行き、その後の研究によると、実際には地域通貨だけで十万レアル（約四二〇万円）以上の経済効果が生まれたそうです。また、十分な地域通貨を持っていなかった事業所が一部レアルでマイクロクレジットを返済したのですが、その合計額が四千レアル（約十七万円）に達したことから、このぶんだけさらに追加融資が生まれたということです。

先進国や途上国という言い方をすると、日本と関係ない話のように思えるかもしれませんが、ここで「先進国政府や財団」を東京・霞が関の中央政府、途上国を各地方自治体、NGOを各自治体、そしてマイクロクレジットの運営団体を地方通貨銀行に置き換えて、中央政府から地方に地方交付税や補助金として入ってくるお金について考えてみましょう。ブラジル・フォルタレザでは大都市の中の一地区でしか地域通貨が使われていなかったので（たとえば日本で言えば東京は下北沢駅近辺ぐらいの人口規模）、その経済効果は限定的でしたが、ここで私が提案している地方通貨の場合には各都道府県や各地方で使われることになるでしょうから、もっと高い経済効果が地域で得られることでしょう。

皆さんもご存じの通り、特に地方では中央政府からの地方交付税や補助金が、直接的あるいは間接的な形で地域経済を支えています。しかし、日本政府の財政が苦しくなる中で地方交付税や補助金が減り続け、地域経済が苦しくなっています。そうであれば、中央政府からの限られた交付税や補助金を効率よく地域の中で回してゆくには、フォメントプロジェクトのようなことを日本でも導入して、さらに先ほど提案した地方通貨での融資も始めることも検討してみる価値があるのではないでしょうか。

もちろんこれは私の原案であって、実際の運用の際にはこれよりも多少異なった形になるものと思われます。ここで私が紹介した案では、地方通貨銀行が直接地方通貨建てでの融資をできるようにしていますが、地元の銀行などを通じた融資を行う方法も考えられるでしょう。また、現在の法律では給料は日本円で払うしかありませんから、ある程度の割合であれば地域通貨建てでの支払いも認めるような法改正も必要でしょう。しかし大事なことは、減価する貨幣にすることで地方経済を刺激して、日本円と地方通貨が二人三脚で地方経済を支えるようにするという点なのです。

シルビオ・ゲゼルの精神を現代に活かすには

このように、シルビオ・ゲゼルの生涯や彼が生きた当時の世界について、彼の経済観や彼が提案した「自由土地」（母親年金）と「自由貨幣」（減価する貨幣）、またそれに関連した補完通貨の思想や自由貨幣の実践例などについていろいろとご紹介してきましたが、この本を締めくくるにあたってちょっとまとめてみたいと思います。

シルビオ・ゲゼルという人の生涯をたどると、自分の国にとらわれず、コスモポリタン（世界市民）として当時の世界に目を向け、また大西洋を何度も往復していろいろな国に住んだことがわかります。シルビオ・ゲゼルがこの世を去ったすぐあとにドイツではナチスが台頭し、国粋主義の立場から数々の悲劇が起きてしまいましたが、自分の国のことだけを考えるのではなく、どうすれば世界各国が共存共栄できるのかという立場から自由土地や自由貨幣という考えを生み出したわけです。

シルビオ・ゲゼルがこの世を去って八十年近くが経ち、世界の枠組みは大きく変わりました。シルビオ・ゲゼルが生きていた時代と比べるとモノも情報もはるかに速い速度で世界中を駆け巡るようになりました。たとえば当時は大西洋を渡るには一週間以上の時間が必要でしたが、今では飛行機を使えば十時間前後で旅行ができてしまいます。また、特にインターネットの発達のおかげで、基本的に世界のどこにいても、全く同じ情報を得られるようになりました。また、私たちの経済生活も世界と密接につながっています。日本は自動車や電化製品などを輸出する一方で、原油や食品などを輸入することでより豊かな生活を成り立たせています。百円ショップにある商品の多くは海外から輸入されたものですが、仮に日本が貿易をやめてしまうと、これらの商品も手に入らなくなるのです。

もちろん、このようなグローバル化の流れにより、世界各地でさまざまな問題が発生しています。しかし、だからといって日本国内の利益だけを考えるわけにはいきません。特に、今や世界経済が密接に結びつき、どこかの国の経済が低迷すると他の国にも悪影響を及ぼす時代であることを考えると、あくまでもコスモポリタンとして世界中のことを考えることが、最終的には自分たちの地域のためになるわけです。

また、シルビオ・ゲゼルは自由を非常に愛した人でした。人間である以上誰でも自分の好きな生活を営めて当然という立場から、その生活ができなくなるような経済制度に疑問を持ち、社会を資本家と労働者に分断する金利を問題視した上で、その金利を廃止するための具体的な方法として減価する貨幣を提案したのです。

減価する貨幣は、あくまでもシルビオ・ゲゼルが理想とした、自由で誰もが幸せになる社会づくりのための道具に過ぎません。この減価する貨幣を使って、具体的にどのような事業を推進してゆくかが問われていると言えます。

さらに深く研究するには

ここまでお読みになって、シルビオ・ゲゼルの経済理論や彼を支持する運動などにご関心を持った人も少なくないことでしょう。ここからは、関連情報についてご紹介したいと思います。

ただ、シルビオ・ゲゼルの著作は、代表作『自然的経済秩序』を除いては未だ邦訳中であり、英訳もほとんどないことから、ドイツ語の原文を読む必要があります。そのような事情からゲゼルの研究書もほとんどがドイツ語で出版されており、また研究者もほとんどがドイツ語圏の人であることから、ゲゼル研究を行うためにはドイツ語の習得が欠かせないと言えます。ドイツ語の勉強は簡単ではありませんが、特にゲゼルに関する最新情報を自分で手に入れようと思う方は、この際ぜひともドイツ語の勉強を始めてみてください。

『ゲゼル全集』（全十八巻、ドイツ語）

ドイツのガウケ出版社（http://www.gauke.de/、ドイツ語）というところから刊行されており、また廉価版のＣＤ‐ＲＯＭ版も販売されています。ドイツ語でしか刊行されていませんが、ゲゼル研究を志している人には欠かせない資料です。なお、同出版社は「社会的経済雑誌」という雑誌も刊行しており、バックナンバーの中では同社のサイトからオンラインでダウンロードできるものもあります。さらに、この他にもゲゼルに関連した書物を多数取り扱っていますので、特にドイツ語が読める方はぜひご覧になってみてください

『マネー崩壊』（ベルナルド・リエター著、小林一紀・福元初男訳、日本経済評論社）

本文中でも紹介しましたが、「補完通貨」という考え方を生み出したベルナルド・リエターさんが、その理論や実践例について紹介した本です。私たちの経済が根本的にどのような問題を抱えているのか、またその問題の解決にどのように補完通貨が役に立つのかがわかります。

『マネー――なぜ人はおカネに魅入られるのか』（ベルナルド・リエター著、堤大介訳、ダイヤモ

ンド社）

先ほどのリエターさんが、男性原理と女性原理の心理学的・歴史学的な側面について、とても興味深い考察を行っている本です。補完通貨の実践例と直接関係するわけではありませんが、彼の理論が生まれた背景を知るには欠かせません。

『地域通貨入門——持続可能な社会を目指して』（廣田裕之著、アルテ）

私が二〇〇五年に刊行した本です。『マネー崩壊』は多少専門的で難しい内容ですが、その内容をわかりやすく噛み砕いて説明しております。また、『マネー崩壊』刊行後に世界各地で登場した補完通貨の事例についても、いくつかご紹介しております。

「自由経済研究」（ぱる出版）

自由貨幣の理論や実践例などがたくさん掲載されている雑誌です。内容については、ゲゼル研究会（http://www.grsj.org/）のサイトをご覧ください。

「自然的経済秩序のためのイニシアチブ」（ＩＮＷＯ、http://www.inwo.de/）

シルビオ・ゲゼルが提唱した経済理論の実現のために、さまざまな活動を行っているドイツのＮＰＯです。特にドイツ国内でさまざまなイベントを行ったり、関連書籍を取り扱ったりしていますので、時々このサイトを訪れて最新情報を確認してみるとよいでしょう。

Geldreform.de（ドイツ語・英語・日本語など）

シルビオ・ゲゼルや彼に関連したさまざまな著作、論文などが公開されています。日本語では、「資本主義によらない市場経済」という短めの論文が掲載されていますが、この論文もシルビオ・ゲゼルを知る上で参考になることでしょう。また、この本文で紹介した『金利ともインフレとも無縁なお金』についても、ドイツ語版や英語版で全文を紹介されています。

Silvio-gesell.de（ドイツ語・一部英語・スペイン語など）

シルビオ・ゲゼルの生涯やその理論、また他の経済学者のゲゼルに関するコメントなどが紹介されています。

Regiogeld e.V.（http://www.regiogeld.de/、ドイツ語）

本編中で紹介したキームガウアーなど、ドイツやその他ドイツ語圏諸国にあるさまざまな地方通貨の実践団体が集まって結成された連絡団体です。各地の地方通貨の実践例へのリンクや、イベントの案内などの情報がこちらでご覧になれます。

マルグリット・ケネディさんの個人ページ（http://www.margritkennedy.de/、英語・ドイツ語）

本文でも紹介した『金利ともインフレとも無縁のお金』の著者であり、先ほど紹介した地方通貨の推進者としても活躍されているマルグリット・ケネディさんのサイトです。今の通貨制度の問題や補完通貨の役割などについて、わかりやすく説明しています。

ヴェルグルの石畳（http://meilensteine.woergl.at/、ドイツ語）

本文中で紹介したヴェルグルの石畳についてですが、同じ内容がオンラインでもご覧になれます。複利によりたった一ユーロがどれだけ大きな額のお金になってしまうかについて、ぜひご覧になってみてください（Meilensteineをクリックして適当な数字を入れると、その年の近辺に世界で起きたできごとがご覧になれます）。

ウンターグッゲンベルガー研究所（http://www.unterguggenberger.org/、ドイツ語）

本編の中で、オーストリア・ヴェルグルで一九三二年から一九三三年にかけて地域通貨として流通した労働証明書のことをお話いたしましたが、そのヴェルグルで最近設立されて、この歴史的事実を伝えるべく活動している団体です。また、補完通貨関係のニュースもけっこう掲載されています。

キームガウアー（http://www.chiemgauer.info/、ドイツ語）

本文中で紹介したキームガウアーの公式サイトです。基本的に地元の方向けの情報だけなのでドイツ語だけでしかご覧になれませんが、統計情報など比較的わかりやすい情報もありますので、ご参考にしてみてはいかがでしょうか。

ヴィア銀行（http://www.wir.ch/、ドイツ語・フランス語・イタリア語）

同じく本文中で紹介したヴィア銀行のサイトです。ヴィア銀行はあくまでもスイス国内の中小企業のための銀行であることから、スイスの公用語であるドイツ語・フランス語・イタリア語でのみ情報を提供しており、英語で読める情報はありませんが、ご関心がある方はぜひご覧ください。

補完通貨研究所（http://www.olccjp.net/）

私が補完通貨に関して情報を提供しているサイトです。現在のところは補完通貨の基本情報を提供しているだけですが、新しい情報が入り次第随時更新してゆきたいと思っております。

あとがき

私がシルビオ・ゲゼルについて初めて知ったのは、「エンデの遺言」という番組がＮＨＫのＢＳ特集で放送された一九九九年五月のことです。実際にはそれよりも前、一九八九年に刊行された『三つの鏡――ミヒャエル・エンデとの対話』（朝日新聞社）でシルビオ・ゲゼルについてはエンデが話題にしており、エンデの対談集に目を通していた私もその部分は読んでいたはずなのですが、その部分に深く注目するようになったのは「エンデの遺言」の中で、シルビオ・ゲゼルの経済思想がわかりやすい形で紹介されてからでした。小さい頃から何となく現在の経済制度に疑問を持っていた私は、これこそが現在の経済問題を解決するカギだと確信し、その後シルビオ・ゲゼルの理論や全世界で実践されていた地域通貨の実践例などを調べ始めるようになったのです。

私にとって何よりも衝撃的だったのはシルビオ・ゲゼルが、金利こそが社会的不平等を生む元凶であることを指摘しただけではなく、その金利を廃止して社会正義をも同時に実現する経済の仕組みを具体的に提案したことでした。そして、第五章でも紹介したように、この手法を応用することによって実際に経済危機が緩和された例が歴史上に存在したことで、このシルビオ・ゲゼルの経済理論にさらに深く関心を持つようになったのです。

「エンデの遺言」に話を戻すと、この番組は地域通貨に関心を持つ人たちの間で広く知れ渡る存在になりました。同番組の録画ビデオが各地で上映されるようになり、テレビ番組の放映の翌年二〇〇〇年には単行本も刊行されました。番組放映から十五年以上が経過した今でもこの本は、日本国内で地域通貨を学ぶ人たちの間で基本的な教科書として読まれており、学生の卒論のみならず大学の先生の論文でも少なからず引用される存在になっています。また、「エンデの遺言」をきっかけとして地域通貨に対する理解も日本社会の中でかなり進むようになり、二〇〇五年に刊行した拙著を含めて少なからぬ数の地域通貨関係の書籍が出版されており、これに呼応して日本各地で地域通貨の実践例も増えてゆきました。

しかし、シルビオ・ゲゼルに関しては、日本語での情報がまだまだ少なく、また情報があっても専門的なものが多く、一般の方が気軽に読めるような資料は十分ではなかったように思います。このため、『地域通貨入門』の出版ですでにお世話になっていたアルテの市村さんからお話を受けて、できるだけわかりやすい入門書として初版を出版したのが二〇〇九年のことです。今回ゲゼル・セレクションに入れていただけるということで、新たな読者の皆さんにもゲゼルのことをご理解いただけるのではないかと思います。

初版の刊行後、世界の経済情勢は大きく変わりました。二〇〇八年に始まった経済危機は終息の気配を見せるどころか、さらに悪化する懸念を見せ続けています。ゼロ金利はもともと、「失われた十年」と呼ばれるバブル崩壊後の不況が長引いた日本で始まったものでしたが、今では欧米でも同様の事態となっています。最近ではマイナス金利の話が大手銀行からも出るようになるほどになりましたが、これらの政策はシルビオ・ゲゼルの理論がきちんと理解されたことによるものというより、むしろ流動性の罠に陥り、金利をゼロに引き下げても借り手がいないほどにまで収益性が低下した経済において、半ばやけっぱちに金利を引き下げようというものであり、ゲゼルが本来目指した「お金の特権の廃止」という哲学理念とは全く関係ありません。

第六章でも書いた通り、これだけ経済がグローバル化した現在では、法定通貨そのものを減価する貨幣にすることはできません。仮にそうした場合、国際貿易では受け取ってもらえない通貨となり、その価値が国際市場で大幅に下落することになるでしょう。むしろ、ここで大切なことは、国際貿易に使える通貨は従来通り減価しないものである一方で、国内や地方単位での流通を推進する目的で減価する貨幣を政府や行政が出して管理する可能性も考えられます。リエターさんは『マネー――なぜ人はおカネに魅入られるのか』（堤大介訳、ダイヤモンド社）で、そのような並行通貨制によって古代エジプトや中世末期（十三世紀頃）のヨーロッパが繁栄したエピソードを紹介していますが、当時の知恵に学びつつ、今の日本で何ができるのか考えてみる価値はあるのではないでしょうか。

最近、個人的に特に注目しているのは、英国で始まり諸外国に広がっているポジティブ・マネーの運動です。一九三〇年代のシカゴ・プランと呼ばれる通貨改革の提案を現代に焼き直したこの運動では、準備預金制度のために通貨流通量の大部分が、日本銀行など中央銀行ではなく商業銀行により融資として発行されている現状を疑問視した上で、政府や中央銀行が通貨発行権を取り戻し、必要量の通貨を発行した上で、福祉や教育、環境保護など、持続可能な社会づくりに必要な分野にそのお金を使ってゆくというものです。これにより銀行は、文字通り預金者からの預金をそのまま貸し出す存在となる一方、政府や中央銀行が適切な量の通貨を発行し、景気の過熱や冷え込みを防ぐようになるわけです。

ポジティブ・マネー自体は減価する貨幣とは直接つながりはありませんが、この提案で注目すべきは、政府や中央銀行が通貨の流通量を管理しようという主張です。金本位制たけなわのゲゼルの時代には金本位制に対する批判から、そして現在では、利益追求目的で融資、すなわち通貨を発行する準備預金制度に対する批判から、という違いはありますが、経済の実情に合った形で通貨流通量の管理に政府や中央銀行が責任を負うようにしようという提案という意味では、ゲゼルアイデアを共有していると言えるでしょう。なお、詳細については『公共貨幣』（山口薫著、東洋経済新報社）をご覧ください。

この本を通じて、少しでも多くの人にゲゼルの思想を理解してもらった上で、今の日本で可能な形で応用していただければ、著者冥利に尽きる次第です。

二〇一六年十月五日（現地時間）留学先のスペイン・バレンシアにて

廣田　裕之

◆著者

廣田　裕之（ひろた　やすゆき）

1976年、福岡県生まれ。九州大学文学部卒業後、東京大学大学院総合文化研究科修士課程を経て、立命館アジア太平洋大学大学院博士課程を単位取得退学。補完通貨研究所JAPAN創設者。現在、スペイン・バレンシア大学留学中で、同大学社会的経済修士課程修了。著書に『パン屋のお金とカジノのお金はどう違う？――ミヒャエル・エンデの夢みた経済・社会』（オーエス出版）『改訂新版 地域通貨入門――持続可能な社会を目指して』（アルテ）。http://www.olccjp.net/　e-mail:mig@olccjp.net

シルビオ・ゲゼル入門　減価する貨幣とは何か
――ゲゼル・セレクション別巻

2016年11月25日　第1刷発行
2022年 5月25日　第3刷発行

著　　者　廣田　裕之
発 行 者　市村　敏明
発　　行　株式会社　アルテ
〒170-0013　東京都豊島区東池袋2-62-8
BIGオフィスプラザ池袋11F
TEL.03(6868)6812　FAX.03(6730)1379
http://www.arte-book.com
発　　売　株式会社　星雲社
（共同出版社・流通責任出版社）
〒112-0005　東京都文京区水道1-3-30
TEL.03(3868)3275　FAX.03(3868)6588
装　　丁　Malpu Design（清水良洋＋柴崎精治）
印刷製本　シナノ書籍印刷株式会社

ISBN978-4-434-22681-6 C0033